De Schieringers En De Vetkoopers: Romantisch-dramatische Tafereelen Uit De Geschiedenis Van Friesland, In De Xve Eeuw...

Arent van Halmael

DE SCHIERINGERS

en

DE VETKOOPERS.

Ter Drukkerij van G. T. N. SURINGAR.

DE SCHIERINGERS en DE VETKOOPERS;

ROMANTISCH-DRAMATISCHE TAFEREELEN

UIT DE GESCHIEDENIS

van

FRIESLAND,

IN DE XVe EEUW;

DOOR

Mr A. VAN HALMAEL Jr.

Bl. 42.

LEEUWARDEN,
G. T. N. SURINGAR.
1841.

DEN HOOGWELGEBOREN-HOOGEDEL-

GESTRENGEN HEER,

MAURITS PICO DIDERIK,
BARON van SIJTZAMA,

STAATSRAAD IN BUITENGEWONE DIENST,

GOUVERNEUR VAN FRIESLAND,

RIDDER VAN DE ORDE VAN DEN NEDERLANDSCHEN LEEUW,

ENZ. ENZ.

HOOGWELGEBOREN-HOOGEDELGESTRENGE HEER!

Was het mij een overgroot genoegen en eene bijzondere eer, dat ik, vóór ruim tien jaren, mijn treurspel *Ats Bonninga*, het eerste, door mij der geschiedenis van *Friesland* ontleend, mocht opdragen aan eenen afstammeling van *Pier Sijtzama*, broeder van den gemaal dier onsterfelijke heldin, namentlijk aan Uw Hoogwelgeboren-Hoogedelgestrenges waardigen, en mij onvergetelijken, nu vereeuwigden, vader, J. G., Baron van Sijtzama, toen Generaal Majoor, Provinciale Kommandant van *Friesland*, enz., niet geringer genoegen en niet mindere eer wedervaren mij thans, daar Uw Hoogwelgeboren-Hoogedelgestrenges beleefdheid

mij zoo minzaam heeft veroorloofd, de volgende
tafereelen, in het eerste van welke ook een Uwer
Voorouderen, diens Uw Hoogwelgeboren - Hoogedelgestrenge zich niet zal behoeven te schamen, te weten
Juw Botnia, voorkoomt, aan U toe te wijden, en deze
Uwe goedheid hier opentlijk te vermelden. Hoogst
aangenaam toch is het mij, dat de zoon van dien
vader zich mij niet minder toegenegen betoont dan de
laatstgemelde gedaan heeft, en nog aangenamer, dat
ik, vóór geheel ons Vaderland, thans, mijne eerbiedige
achting aan Uw Hoogwelgeboren - Hoogedelgestrenge
betuigen en luide verkondigen mag! Vergun mij

wijders, daar mijne wenschen voor Uw geluk en dat van Uwe beminnenswaardige Gade, en Kroost, aan te paren. Blijf in het bijzonder lang, zeer lang, het Hoofd en de Bestuurder van dit vrij Gewest, hetwelk, onder en door U, den hoogsten trap van bloei, welvaart en heil bereike, dien het bestijgen kan, en smaak daarvoor de kinderlijke liefde van alle deszelfs bewoners en de onwaardeerbare goedkeuring en toejuiching van den KONING en van geheel *Nederland*. Ja! Gods rijkste zegen dale op U, op allen, die Gij lief hebt, op alle Uwe verrichtingen en ontwerpen! Neem deze mijne beden welgevallig aan, en duld dat ik, die wel geen

Fries van geboorte, maar toch hartelijk aan *Friesland*, en aan allen, die het wel met *Friesland* meenen, als een broeder verkleefd ben, mij, dankbetuigend, noeme,

HOOGWELGEBOREN-HOOGEDELGESTRENGE HEER!

Uw Hoogwelgeboren-Hoogedelgestrenges
gehoorzame en verplichte dienaar,

A. van HALMAEL, Jr.

VOORREDE.

Ontfang goedgunftig, waarde Lezer, deze mijne poëtifche ketterij: het zijn twee Hiftoriefpelen, welke ik, toen ik ze zamenftelde, niet beftemde om immer ten tooneele gevoerd te worden, waarop men ze ook, in dezen tijd altoos, niet zou kunnen vertoonen zonder aanmerkelijke bekortingen, welke ik er niet in maken wil. Het zijn Hiftoriefpelen in den trant van de Spelen van dien naam van den uitmuntenden en echt dichterlijken SHAKSPEARE, echter niet zoo geheel onregelmatig en met alle tooneelwetten ftrijdig als de zijne, maar veellicht ook grootendeels zonder eenige dier fchoonheden, welke in de fcheppingen van den onfterfelijken *Brit* in eene zoo overgroote menigte voorhanden zijn. 't Is een dichtftuk, — ik hoop ten minfte dat men het dien naam niet met recht ontzeggen zal, — in den vorm van een *Drama*, hetwelk vooral om der gefchiedenis wille dáár is, en waarin ik mij, op weinige kleinigheden na, ten naauwfte aan het verhaal en

de opgaven van onze Jaarboeken en Geſchiedſchrijvers gehouden heb. Zelfs is het waar, dat die zelfde FOOCKEL HOT-
TINGHA, welke eerst aan TJERCK JUWINGHA verloofd geweest
is, naderhand de gade van JUW BOTNIA geworden is, en
dat SIJTS, de dochter van GOSLICK JONGHAMA, aan JOHAN
HEREMA VAN WALTHA, een zoon van TJERCK WALTHA, is
gehuwd geweest. Dit laatstgemelde huwelijk heeft echter niet
kunnen plaats grijpen in 1498, daar SIJTS toen nog maar
een kind was, en, om haar als een huwbaar meisje in dat
jaar op te voeren, heb ik mij genoodzaakt gezien, haren
vader omtrent twintig jaren ouder te maken, dan hij in
1498 kan geweest zijn, waarvan het onvermijdelijk gevolg
was, dat ik ook gedwongen werd het ombrengen van JUW
JUWINGHA te *Bolsward* te doen voorkomen, als veel vroeger
dan in 1496 zijnde voorgevallen; te weten: in het tweede
tafereel.

Aanteekeningen behoefde ik bij deze Dramaas niet te voegen: zelve zijn zij eene groote, doorloopende aanteekening op
den eerſten den besten Geſchiedſchrijver van Friesland, dien
Gij zult willen opſlaan, om te weten, op wat wijze dit
Gewest aan de Hertogen van *Sakſen* gekomen is; of, nog
liever, een kort, wijsgeerig overzicht van het geen Gij daaromtrent, bij WINSEMIUS, EMMIUS, of SCHOTANUS, of ook
in de: *Geſchiedenis der Schieringers en Vetkoopers*, door
A. v. H., welk boek door mij *niet* is zamengeſteld, in het
breede lezen kunt, — indien Gij er het geduld niet bij verliest.
Een *wijsgeerig* overzicht, ſchrijf ik, omdat ik getracht heb,
U bekend te maken met het wezentlijke karakter der perſonen,
welke ik opvoer; en met de waarſchijnelijke beweegredenen
hunner handelingen, terwijl de genoemde Kronijk- en Geſchiedſchrijvers U alleen de plaats gehad hebbende ſeiten
opſommen, en zich niet bekommeren over het — altoos naar
mijne meening — gewichtigſte gedeelte der Geſchiedenis,
welke, zal zij inderdaad de Leermeestereſſe der Volkeren

zijn, gelijk het behoort, in gemelder voege wijsgeerig gefchreven moet worden.

Voorts moet ik U doen opmerken, dat, in een Hiſtoriespel
de ſtijl, over het algemeen, niet zoo verheven en deftig zijn
kan, noch moet, als in het Treurspel: het Hiſtoriespel toch
ſtelt ons geheel andere perſonen voor dan die, welke men
zich als Helden en Heldinnen bij *Melpomené* denken moet.
Wilt Gij voor het overige nog naauwkeuriger weten, wat
een Hiſtoriespel is en waarin het van het Treurspel verſchilt,
zoo raadpleeg des Heeren BILDERDIJKS uitmuntende verhan-
deling over het laatstgenoemde.

Nog iets. Ik heb mij eenmaal genoopt gevonden, en wel
in eene aanteekening achter mijn Treurspel *Peter de groote*,
mijnen vaersbouw eenigermate te verdedigen tegen, in mijn
oog, ongegronde en onheuſche aanvallen, en ben toen zoo
ganſchelijk misverſtaan geworden, dat ik het een plicht jegens
mij-zelven reken, hier het toenmaals gezegde wat wijdloopiger
te ontwikkelen.

Men verkeert heden ten dage, vrij algemeen, in het denkbeeld, dat elke goede Alexandrijn uit zes jamben moet zaâm-
geſteld zijn, dat hij eene rust achter den derden voet vordert,
en, dat de eene Alexandrijn niet in den anderen mag over-
loopen, gelijk men het noemt, ofſchoon het laatſte als eene
dichterlijke vrijheid geduld wordt, mits men er zich niet te
vaak van bediene. Ziedaar dan ook de regels, waaraan de
meerdere of mindere deugdelijkheid der in het licht verſchij-
nende heldenvaerzen getoetst wordt, door de, elken Dichter
de wet voorſchrijvende *Ariſtarchen* van onzen tijd. Zij
mogen recht hebben en hun ſtelſel van vaersbouw moge het
beste, het navolgenswaardigſte zijn, ik houd mij aan hunne
regels niet, maar volg de wijze, waarop VONDEL, HOOFT, en
die zich leerlingen dier mannen noemden, hunne dichtregelen
vervaardigden. Die wijze ontvouwde ons de Heer BILDERDIJK,
op bladz. 151 en 152 van het 3e deel zijner: *Nieuwe Taal-*

en Dichtkundige Verſcheidenheden, en ik volg haar, omdat ik de op die wijze vervaardigde vaerzen voor de ſchoonſte en voortreffelijkſte houde, zoo zij in hunnen trant goed zijn, en omdat ik de andere, die volgens onze Keurmeeſters recht fraai zijn, niet zonder medelijden lezen, niet zonder walging hooren kan. Die mij nu rechtvaardig beoordeelen wil, mag, al ware ik dan ook het ſpoor bijſter, mijne vaerzen niet toetſen aan voorſchriften, welke ik niet volg, en niet volgen wil. Hij vergenoege zich, met alleen te zeggen, dat ik ze niet inricht naar den trant, welke bij hem de ware is. Zou het niet hoogst onbillijk zijn, de twee bekende regelen van HOOFT:

> Schrik niet, ik wreek geen kwaad, maar dwing tot goed,
> Straf is mijn hand, maar lieflijk mijn gemoed,

te berispen en af te keuren, omdat elk hunner niet uit vijf jamben beſtaat, gelijk men wil dat ook in deze ſoort van vaerzen het geval zijn zal, terwijl men weet, dat HOOFT, — om ons, met BILDERDIJK, bij den tweeden regel te bepalen, — dien voorbedachtelijk uit eenen *dactylus, ſpondaeus, trochaeus*, en *anapaeſtus* vormde? en heb ik minder aanſpraak op billijkheid, op rechtvaardigheid, dan onze beroemde Drost?

Anderen hebben mij kwalijk genomen, dat ik, volgens mijne eigene bekentenis, ſomtijds met voordacht een hard vaers ter neder ſchrijf, en het ſtaan laat, offchoon ik het zeer gemakkelijk zou kunnen verzachten. Zeker heeft men daarbij niet gedacht aan het geen mijn Meeſter zegt: ,,Voert men ſomtijds eenige harde vaerzen in, dat moet uit geen gebrek, maar uit de ſtoffe geboren, en ter zaake vereiſcht worden" (*); daaruit volgt toch, dat ſomtijds de hardheid van een vaers, eene ſchöonheid daarſtelt. Voorbedachtelijk ſchreef ik dan ook, in mijnen *Adel en Ida*:

(*) *Aenleidinge ter Nederduitſche Dichtkunst*, vóór: VONDELS *Poëzy, Ie deel*.

VOORREDE.

Tot ge eindlijk, afgetobt door de ongehoordſte ſtraf,
Met 't rammelend gebeent uws Adels ſtort in 't graf.

En wanneer men ſommige mijner vaerzen plat of proſaïsch noemt, denkt men dan wel aan het volgende van onzen keurigen WISELIUS? » En is ook die eenvoudigheid van ſtijl wel altijd zoo vreemd geweest aan latere Treurſpeldichters, als men dit gewoonlijk hoort beweeren? Ik geloove het tegendeel en zoude ten bewijze uit hunne werken eene menigte hoogst eenvoudige regels kunnen bijbrengen, die echter nooit beneden de waardigheid des Treurſpels zijn geſteld geworden, zoo als, om CORNEILLE en RACINE, en, uit honderden dergelijke ſlechts enkele tot voorbeelden te nemen, de navolgende:

Prends un siege, Cinna; prends, et sur toute chôse
Observe exactement la loi que je t'impose.

of

Madame j'ai reçu des lettres de l'armée.

en

Pour bien faire, il faudroit que vous la previnssiez" (*).

Ook heeft men mij te last gelegd, dat ik der taal geweld aandeed, en daarvan onder anderen als bewijs opgegeven, het door mij gebruiken van *van*, voor *over* of *op*. Intusſchen deden dit ook de Heeren BILDERDIJK en WISELIUS, twee groote kenners van onze taal, en, om er eenen ouderen, maar tevens zeer verdienſtelijken Dichter, en onvermoeiden beſchaver van zijne vaerzen, bij te voegen, L. ROTGANS. Ziehier het bewijs:

Gij moogt u, 't ſtaat u vrij, *van* Humbers Vorst *beklagen*.
BILDERDIJK, *Kormak, bl.* 55.

___

(*) *Mengel- en Tooneelpoëzij, IVᵉ deel, Voorreden*, bl. XXIV en XXV. Ik zou er, uit RACINE, nog kunnen bijvoegen:
Approchez-vous, Néron, et prenez votre place.

VOORREDE.

Uw Vader, Makdulf! ja, die vloekbre kluisters breken,
Zijn' flaf hernemen komt, zich *van* zijn moorders *wreken.*

Ald., bl. 72.

Zoo moet ik dan ——— ——— ——— ———
Verbeiden, wat het lot *van* ons *befchikken* zal.

WISELIUS, *Adel en Mathilda, bl. 1.*

Vorst Saladijn alleen *befchikt van* dit geweer.

Ald., bl. 53.

Ik zal eerlang my zien *gewroken van* zyn fmaalen.

ROTGANS, *Eneas en Turnus, Poëzy, bl. 485.*

Verftont u ook niet, vriendt, een vonnis *uit te fpreeken*
Van zaaken, die gy niet begrypt; of wacht uw fchandt.

Poëzy, bl. 62. (*)

Eindelijk..... doch genoeg: ik wilde geene antikritiek
fchrijven. — Ik hoop flechts dat men mij niet andermaal
verkeerd verftaan zal, noch zich inbeelden, dat ik, omdat
ik de manier van VONDEL en HOOFT poog te volgen, meen,
een VONDEL of een HOOFT te zijn. Ik wensch, hen op zijde
te ftreven; ik wensch, in het dramatifche vak, Stukken geleverd te hebben, of nog te zullen leveren, welke ons Tooneel
en onzer Letterkunde tot eer ftrekken, doch ik waan daarom
niet, dit reeds gedaan te hebben, en vlei mij naauwlijks, het
eenmaal te zullen doen. Zelfs zal het mij roems genoeg
zijn, zoo men, nu of later, flechts mijnen goeden wil niet
miskenne.

v. H.

(*) De uitdrukkingen, waarover men mij berispte, waren: „*van*
dien fmaad niet wreken" en: „*beklaag zich niet van mij.*"

———

DE TWIST OM BOLSWARD.

Hinc illae lachrymae!

TERENTIUS.

PERSONEN.

GOSLICK, JONGHAMA,

BOCKE HARINXMA, (1)

JUW (2)

JARICH } HOTTINGHA,

HERE

JUW (2) BOTNIA,

ALEF HEMMEMA,

EPE AIJLVA, (3)

} Friefche Edelen, Schieringers.

(1) *Spreek de O uit als in:* ftok.

(2) *Spreek de U uit als ou, in:* vrouw.

(3) *Aalva.*

*1

Juw Juwingha, (4)

Tjerck, *diens zoon*,

Hartman
Douwe } Galama,

Tjerck Waltha,

Doitze (5) Bonga,

Gerrolt Herama,

Douwe Hettingha,

Sijbrant Roorda, (6)

} *Friefche Edelen, Vetkoopers.*

Wijts (7) Juwsma, *laatst weduwe van Botte Holdingha, Goslicks moeder.*

Ansck Jonghama, *huisvrouw van Bocke Harinxma.*

Tjets Harinxma, ם ם *Here Hottingha.*

Bauck Poppema, ם ם *Doecke Hemmema.*

Foockel Hottingha, *dochter van Juw Hottingha.*

Jonkheer Nijthart Fox, *Veldheer in dienst van den Hertog van Sakfen.*

Jan Seestadt, *Veldheer in dienst der Stad Groningen.*

Johan Schaffer, *Lid van den Raad der Stad Groningen.*

(4) Jouw Jouwingha, zie aant. 2.

(5) Dootse.

(6) Sibrant Roorda.

(7) Wijts Jousma.

Heer Aggo, *Deken van Neder-Wagenberg (Sneek en*
omstreken).

De Atte (*Dorpsrechter*) *en* Huisvaders *van het dorp Cou-*
dum.

Wiiger, (8) *een oud Krijgsman.*

De jonge Wiiger, *diens kleinzoon, 14 jaren oud.*

Jel, *Wijgers dochter en moeder van den jongen Wijger.*

Sijtze, (9) *Buurman van Wijger.*

Feicke Geerts, *een Boer, en vier andere* Boeren, *zijne*
buren.

Geert Feickes, *zijn zoon, 17 jaren oud.*

Sipcke, *een Waard.*

Eerste
Tweede } Ruiter *van Juw Juwingha.*

Een Knecht *van Bauck Poppema.*

ZWIJGENDEN.

Doecke Hemmema, *Edelman, Schieringer.*

Otto Galama,
Doecke } Tietes Hettingha, } *Edelen, Vetkoopers.*
Epe

(8) Spreek: Wiiger.
(9) Spreek: Sijtse.

6

GEESTELIJKEN en EDELEN, *Vetkoopers.*

CATHARINA HARINXMA, *huisvrouw van Lou Donia.*

BERENT CORNDERS, *Lid van den Raad te Groningen.*

LEFFERT, *Stadsfchrijver te Groningen.*

Een KNECHT *van Harinxma.*

JAN KANNEKEN, *Burger van Sneek.*

KNECHTEN *van Hartman Galama.*

KNECHTEN *van Bocke Harinxma.*

KNECHTEN *van Goslick Jonghama.*

DE TWIST OM BOLSWARD.

EERSTE BEDRIJF.

EERSTE TOONEEL.

Franeker. In den avond van den 21 October 1494. Vertrek op Hottinghahuis. In het achterdoek bevindt zich één groot venster. In eenen armstoel, schuins tegenover hetzelve, is Juw Hottingha *gezeten.* Goslick Jonghama *treedt op.*

HOTTINGHA.

Wat zien we en wat mag u in Franeker doen komen?
Spreek, Goslick Jonghama!

GOSLICK.

    Wat ik in Sneek vernomen,
Maar tevens niet geloofd en driftig heb weêrlegd.
Hoe nu, Juw Hottingha zou mijne zaak en recht
Verlaten, aan mijn neef, dien snoodaard, zich verbinden?
Neen! dus kan ik in hem mij niet bedrogen vinden!

HOTTINGHA.

Ik heb uw zaak en recht tot nog toe voorgestaan,
Gestreden aan uw zijde, en wat ik kon gedaan,

Om Bolswards heerfchappij Juw Juwingha te ontrukken;
't Geen echter, als gij weet, ons nimmer mocht gelukken;
Thans leg ik, ftrijdensmoede, en op den rand van 't graf,
Dat mij in 't kort verflindt, haat en partijfchap af; —
Hoor mij bezadigd aan, ik zal u niets verhelen.
Ik heb met Oostergoo ook nu niet willen deelen
In 't Groninger Verbond, zoo als men mij wellicht,
Doch te onrecht of verkeerd, bij u heeft aangeticht,
En wat er ook gebeur', wat rampen ons omringen,
Men zal — ik zweer het u — mij daartoe nimmer dwingen.
Neen, 'k gruw van dat Verbond, waarmeê de arglistigheid
Van Groningen nu 't een, dan 't ander Deel verleidt,
En 't moet elk echten Fries op 't allerhoogst mishagen:
Daarbij toch wordt dier Stad een rechtsmacht opgedragen,
Die onzen naam en faam bezoedelt en onteert
En Westerlauwers tot haar onderdaan verneêrt;
Den band, die Oostergoo en Westergoo en Wouden
Sinds Koning Karels eeuw omflingerd heeft gehouden,
Ontwindt; de bronnen van ons eerelijk beftaan
Verftopt, vervloeien doet, of andre bedden gaan;
Den bouw, de koopvaardij, en handel, die nu bloeien,
Smeedt in der Groningers en Ommelanders boeien,
Ons levert in 't geweld eens nabuurs, die eerlang
Zijn welvaart vesten zal op onzen ondergang!
En wat vermogen wij van dat Verbond te hopen?
Een rust, die wij ten prijs van onze vrijheid koopen,
De rust eens kranken, die tot lijden krachten derft,
Reeds de oogen look voor 't licht, bewustloos is — en fterft!
  Doch fchoon ik daaromtrent onwrikbaar heb befloten,

Schoon ik geen Groningers begeer tot bondgenooten;
Voor hunne vijandſchap wilde ik mijn Landzaat hoên.
Met zulk een oogmerk, ſloot en handhaafde ik een zoen
Met hen en Oostergoo; maar 'k moest er ook een ſluiten
(Daar ik het oorlogsvuur geheel verlang te ſtuiten)
Met Juwingha, hun vriend en onze weêrpartij.
Een moeilijk werk gewis! en toch gelukte 't mij,
En zal 't heel Westergoo des vredes heil hergeven,
Zoo gij en Harinxma ons niet wilt tegenſtreven.
Aan Tjerck, den zoon van Juw, die mijne Foockel mint,
Geef ik de ſtate en ſtins te Nieuwland, met mijn kind,
En onze vijandſchap en 's onderdaans ellende
Gaan — hoop ik — voor altijd met hunnen echt ten ende.
De broeder van uw neef, Tjerck Waltha, ſtemt er in,
Gelijk mijn broedren, Here en Jarich, één van zin,
En 't kan ook Martena en Decama bekoren.
'k Heb tevens uw belang niet uit het oog verloren:
Juw neemt, — dus ſpreekt de zoen, — zoodra het Goslick wil;
Mij en mijn vrienden aan tot middlaars in 't geſchil,
Dat, tusſchen u hem ter kwader uur gerezen.....

GOSLICK.

Voor geen bemiddling zal, noch ooit kan vatbaar wezen!
Ik toch ben Bolswards Heer, mijn vader liet aan mij,
Zijn eenig manlijk oor, met recht zijn heerſchappij,
En Juw, dien ik verfoei en ſteeds zal blijven haten,
Moet haar mij afſtaan — en meteen mijn ſtad verlaten,
Voor immer! en niet hij, Juw Hottingha, alleen,
Ook Waltha! geen dier twee moet ooit haar weêr betreên,
Zoo ik regeeren zal en mijn gezag er klemmen,

En dat kan Juwingha, kan Waltha nooit beftemmen!
Wij hebben het gezien, toen Harinxmaas geweld
Den broeder zijner gade in Bolsward had herfteld;
Juw wilde er nevens mij den ftaf nog altijd voeren,
En wist zoo velen loos aan zijn belang te fnoeren,
Dat, tot mijn fchade en fchande, all' 'tgeen hij wilde en dreef
Gefchiedde en mij alleen de naam van Heerfchap bleef.
O neen, zal eens de rust aan Bolsward zijn hergeven,
Dan — moet één onzer, moet of Juw, of Goslick — fneven!

HOTTINGHA.

Indien uw moeder, toen ge nog een zuigling waart,
De fierheid van uw neef wat meerder had gefpaard,
Wen zij, die al te vroeg uw vader heeft verloren,
Hem, naar der Burgren wil, tot uwen voogd gekoren,
Niet, met haars fchoonzoons hulp, van erf, uit huis en ftad
Den naasten bloedverwant zoo fnood verdreven had,
Opdat zij, zelve, in naam van Goslick, mocht gebieden,
Zoo hadt ook nimmer gij uit Bolsward moeten vlieden.
Zij is, wat Helena voor Troje en Griekenland
Geweest is, laas! voor ons: de fakkel van een brand,
Die onuitbluschbaar fchijnt en — wil het God niet keeren —
Geheel het Vaderland (o jammer!) zal verteren!

GOSLICK.

Wanneer mijn moeder, wie een lastertong verwijt,
't Geen Wijts bij haren zoon ten hoogften lof gedijdt,
Niet alles had beftaan opdat ze Juw deê vallen,
Thans waar' hij heer, ik flaaf, — flaaf in mijn eigen wallen!
Ik wil met hem geen vrede!

HOTTINGHA.

Indien ge, tot mijn fmart,

Dan immer twisten wilt en in uw wrok volhardt,
Den raad van vriend en maag, gegrond op recht en rede,
Miskent en van u werpt, eens grijsaards laatfte bede
Met voeten treedt, zoo ga, bevrij mij u te zien;
Verwijder u, vertrek!

GOSLICK.

Verrader! 't zal gefchiën.

Maar Sneek, dat zich van u geen wetten vóór laat fchrijven;
Zal fteeds mijn bondgenoot en me onderfteunen blijven,
Met Sloten en der IJlst, waar nog de Harinxmaas
Zich wapenen voor ons, in fpijt der Hottinghaas.
Bij d' aanblik van den Dood hebt ge allen moed verloren
En leent der vuige taal van laffe Priefters de ooren:
't Zijn de Oldekloofter Abt en Hette Jonghama,
Die 'k uit u fpreken hoor, vergrijsde Suffer! 'k ga:
Gij mocht mij anders nog dien Juw voor de oogen ftellen,
Dien Goslick, naast uw ftoel, zou durven nedervellen,
Ja, zoo dees goede kling zijn wraakzucht niet bedroog,
Ten trots der gastvrijheid, hier vóór u......
HOTTINGHA.

't Gaat te hoog!

Mijn zwaard! waar is mijn zwaard? nog heb ik moed, en krachten
Een taal te ftraffen, die ik minst van u kon wachten!

Grijpt een zwaard, hetwelk aan den wand hing;
trekt het en dringt op Goslick aan.

Verweer u!

Goslick, terugdeinzende.

Hottingha! Jnw Hottingha! hoe nu?

Wat wilt gij, oude man?

HOTTINGHA.

Trek en verdedig u!

Goslick, trekkende.

Welaan dan, ondervind hoe Goslick zich verdedigt.

Na eenige weinige oogenblikken vechtens, slaat
hij Hottingha de kling uit de hand, welke
hij vervolgens weder van den grond opneemt,
terwijl hij zijn eigen zwaard in de schede steekt.

En nu, vergeef het het hem, wanneer hij u beleedigd.....

TWEEDE TOONEEL.

DE VORIGEN, FOOCKEL HOTTINGHA.

FOOCKEL.

Mijn Vader! welk een kreet!

HOTTINGHA.

Een ander zwaard!

GOSLICK.

Laat af!

Verschoon het, wen ik u tot gramschap reden gaf.
Ik zal vertrekken, 'k wil der vriendschap steeds gedenken,
Die ons voorheen verbond, en niet, u nogmaals krenken.

Tegen Foockel.   Tegen Hottingha.

Blijf uwen vader bij! en, zage ik nooit u weêr,
Vervloek en haat mij niet, dat 's all' wat ik begeer.

Legt het zwaard van Hottingha op eene tafel
neder en vertrekt.

FOOCKEL.

Ik ſmeek.....

HOTTINGHA.

Hij ſterft, de leeuw, die in vervlogen dagen,
Elk woudbewoner dwong hem eerbied toe te dragen,
Wien allen vreesden, die zich nimmer boнен liet,
En op zijn ſterfbed vreest, eerbiedigt men hem niet,
Maar tergt, en ſchopt hem zelfs, en dwingt hem, dat te lijden!
Vermeetle Jonghama! O Kracht van beter tijden,
Ach waarom faalt ge mij? Breek, Foockel, breek dat zwaard,
Mijn vreugde en roem weleer: ik werd der kling onwaard'!

*Hij zet zich, afgemat en diep ontroerd, weder
in zijnen armſtoel. — Foockel opent het ven-
ſter in het achterdoek. Men ziet in eenen tuin.
De zon gaat juist onder en ſchiet hare laatſte ſtralen in het vertrek.*

FOOCKEL, *neemt hare luit en zingt.*

Wees welkoom, lieflijk avonduur,
    U love en zing' mijn luit.
Sprei, over 't zinkend waereldvuur,
    Uw ſterrenſluier uit!

Schenk, na een dag van leed en lust,
    Doormengd met zuur en zoet,
O Nacht, verkwikking ons en rust;
    Voor morgen, nieuwen moed.

Zóó loope ook eens mijn avond af,
    Zóó wenk' me 's levens nacht!

Dan legge ik mij in 't mullig graf,
    Daar sluimer ik zoo zacht; —

Om weêr te ontwaken, in een oord,
    Waar alles luister is;
Waar nooit het leed den lust verstoort,
    En niets ons duister is.

'k Ontwaak — bij God! Wie zie ik daar
    Om mijne sponde staan?
Mijn gâ, mijn vrienden, 't oudrenpaar,
    Mij eertijds voorgegaan?

Neen, 't is geen zinsbedrog, o neen!
    Zij drukken mij de hand;
Ze omhelzen mij! — Daarheen, daarheen,
    Mijn Ziel! naar 't Vaderland!

Zij legt de luit neder en plaatst zich achter
    haren vader, op den rug van diens stoel
    leunende. Een traan valt uit haar oog op
    zijne hand. Hij ziet op en drukt haar aan
    zijne borst.

HOTTINGHA.

Mijn Foockel, deugdzaam Kindt o ja, bestelpen wij
Dit licht ontvlammend hart: dat hem vergeven zij!
Hij staat toch niet, als ik, aan d' eindpaal zijner dagen,
Wen alles van den glans, waarin we 't vroeger zagen,
Ontdaan wordt, en wat eer, voor zinnen of gemoed,
De hoogste wellust was, ons van zich walgen doet.

DERDE TOONEEL.

DE VORIGEN, JUW JUWINGHA, TJERCK JUWINGHA.
HOTTINGHA.

Juw Juwingha en Tjerck! — Zoo laat verfcheent ge nimmer.
JUWINGHA.

Vertraag het goede nooit één enkel uur, was immer
Mijn zinfpreuk: want wie weet, wat morgen ons verwacht,
En of ik dan nog denk gelijk ik heden dacht.

Zie, daarom hebben we ons naar Franeker begeven;
Zoodra mijns Priefters hand den zoenbrief had gefchreven,
Die ons hereenen moet, tot wederzijdfch geluk
Der onzen, waar ons kroost de zoetfte vrucht van plukk'!

Hem twee perkamenten overhandigende.

Neem, Hottingha, dit fchrift; er is, zoo verr' wij weten,
Niets, van hetgeen we onlangs bepaalden, in vergeten.
Een dezer worde 't uwe en 't ander keer' tot mij.
Maar eerst, doorzie ze wel, lees en herleés ze vrij;
En, vindt gij alles vast en naar den eisch geregeld,
Bevest het dan met ons: wij hebben 't reeds bezegeld.

TJERCK, *tegen Foockel.*

Zoo is 't mij dan vergund te dingen naar uw hand,
Mijn hart was jaren reeds, o Jonkvrouw, u verpand,
In weêrwil van den twist, die eer ons-beider vaderen
Verdeelde en mij verbood als minnaar u te naderen;
Gij hebt het, fchoon ik zweeg, voorzeker lang befpeurd.
Mag, nu hun vriendfchap zelf dier hand mij waardig keurt,
Mij toelaat, opentlijk mijn liefde u op te dragen,
Ik hopen, dat mijn beê mij niet worde afgeflagen
Door u, van wie-alleen ik mijn geluk verwacht?

Want fchoon ik weet, dat gij de vaderlijke macht
Eerbiedigt en gewis haar niet zoudt wederfpreken,
Als eens uws vaders wil u duidlijk waar' gebleken,
Zij 't echter verr' van mij, dat ik me daarvan dien'.
Neen, liever zal ik nog mij afgewezen zien,
Zoo, Jonkvrouw, flechts die wil u tot een ja mocht nopen.
Neen, mag mijn zuivre min niet op uw weêrmin hopen,
Laat mij dan de eerfte zijn, die — fchoon 't mij 't hart verplet —
Zich tegen onzen echt met all' zijn macht verzet:
Ik wil u flechts van u. Weet ook: te mijner bede,
Breekt uwe weigring niet den eens getroffen vrede,
Die, fchoon ons huwlijk hem verfterkt en meerder ftijft,
Wen ik u haatlijk ben, nogthans gefloten blijft.
Kan uwe zedigheid geen luider taal gedoogen,
Zoo antwoord met een blik van uw welfprekende oogen;
Doch, eer gij ons vermeldt, wat uw gemoed befloot,
Bedenk, uwe uitfpraak geeft mij 't leven, of de dood.

FOOCKEL.

'k Zal met een enkel woord voldoen aan uw verlangen:
Wanneer mijns vaders wil u gunt mijn hand te ontfangen
En hij u neemt tot zoon en leidsman mijner jeugd,
Zal ik gehoorzaam zijn, — vrijwillig, — ja, met vreugd.
U meer te zeggen zou der Jonkvrouw kwalijk voegen.

HOTTINGHA, tegen Juwingha.

't Is alles naar mijn wensch en innig zielsgenoegen. —
Maar Goslick?

JUWINGHA.

        Trede op nieuw te Bolsward in 't bewind,
Zoo hem haar Burgerij des heerfchens waardig vindt.

'Zij toetf' zijn rechten en mijne aanfpraak; dat ze kieze,
En vonnisf' wie van ons zijn pleit winne, of verlieze.
Doch zwere elk onzer eerst, dat, hoe haar oordeel vall',
De wil der meerderheid de zijne wezen zal,
En dat hij geen geweld, — moog' Goslick óverwegen,
Of Juw, noch vóór, noch bij, noch na het ftemmen plegen,
Noch des zich wreken zal. Ook Goslick doe een eed
Dien ik, gaat hij me vóór, te zweren ben gereed.
Voorts laat ik mij door hem uit Bolsward niet verdrijven,
Maar wil, fchoon hij 't beheerfche, er Hoofling zijn en blijven.

HOTTINGHA.

Genoeg; ik plaatfe alzoo mijn zegel naast het uw,
Hij zegelt beide brieven. Dan reikt hij Juw de hand.
En dat uws broeders. — Vrede en vriendfchap, Juw!

JUWINGHA, *tegen Tjerck.*

Welnu,

Wat aarzelt gij dan nog? uw echt ftaat dáár gefchreven,
En Foockel zal gewis niet langer tegenftreven.

TJERCK, *biedt Foockel eenen fierlijk*
geftikten en met geldftukken gevulden doek, waar-
in een losfe knoop geflagen is, eerbiedig aan.

Haal dan den echtknoop toe en neem de trouwmunt aan.

FOOCKEL, *na nogmaals haren vader*
te hebben aangezien.

Mijn vader ftemt er in, zij uwen eisch voldaan.

Zij haalt den knoop toe en aanvaardt dan den
doek. Vervolgens neemt zij van hare hand
eenen ring en fteekt dien aan den derden
vinger van Tjercks linkerhand.

2

En blijf dees ring ten blijk der trouwbelofte dragen,
Waar, zendt gij hem terug, ook ik van ben ontflagen.

TJERCK.

Hij prale aan deze hand in voorfpoed en in druk:
Ik zend hem nooit u weêr, 't en waar' tot uw geluk.

JUWINGHA, *Foockel eenen zilveren*
bras omhangende.

Neem dit mijn eerst gefchenk en wees mijn dochter mede.

HOTTINGHA.

Tjerck de hand reikende. *Tegen Juwingha.*
God zegen u met haar — bevestige onzen vrede.

Het gordijn valt.

VIERDE TOONEEL.

Sneek. Ten dage als voren, doch laat in den avond.
Eene zaal op Harinxmahuis. WIITS JUWSMA, ANSCK
JONGHAMA (*arbeidende*), BOCKE HARINXMA (*in eene*
kronijk lezende). *Eenige ftilte.*

WIITS, *tegen Bocke.*

Waar onze Goslick blijft? zijn ros is fterk en vlug,
En echter keert mijn zoon, uw zwager, niet terug.

BOCKE.

Een toeval, ja een niets kan zijne koomst vertragen. —
Indien 't hem flechts gelukt bij Hottingha te flagen,
Wiens ijver is verflaauwd met zijnen oorlogslust;
Hij acht ons weinig meer en arbeidt flechts om rust.
Zijn heimlijk handlen met den vijand was de reden
Der nederlaag, door ons bij Barrahuis geleden,
Toen ik de Groningers en hunne legermacht

Uit Leeuwarden, ten nut des Lands, te drijven dacht.
Sinds moest ik mij (helaas!) met Groningen bevredigen,
De fchatkist mijner Stad ter baat dier vreemden ledigen,
Den buit hergeven, dien ik vroeger eerlijk won,
En — wat ik meest verfoeide en naauw volbrengen kon —
Beloven, dat ik, — nóg doet mij 't herdenken beven —
Het Groninger Verbond niet langer zou weêrftreven!
O hatelijk Verbond, gewrocht der priefterlist
Eens Willem Fredericks, die 't ook te ftaven wist
Aan 't Keizerlijke hof, door giften en gezanten,
Hoe menigmaal, hoe fterk wij ons er tegenkantten,
Ja, fchoon de Vorst zich eerst op onze zij bevond:
't Was toch de Keizer, die van Langen herwaarts zond,
Opdat we een Poteftaat naar 't oud gebruik verkoren.....
Doch laat ik eindigen: all' wat ik u doe hooren
Is immers u bekend, en waarom dan 't herhaald?

WIJTS.

Doch later hebben wij op nieuw gezegepraald,
En Juw ten tweeden maal uit Bolswards muur verdreven,
Waarin ons Hottingha en zijne Knechten fteven.
Hij was dus nog uw vriend, en ftond mijn Goslick vóór,
Al ftelde hij u ook bij Barrahuis te loor,
En wil hij inderdaad met Juw den vrede fluiten,
Hij zal ons hooren en uw zwager zal het ftuiten.
Maar nog regeerden wij in onze vaderftad,
Zoo Juw geen vreemde hulp zich aangeworven had,
En echter weigert gij, hoe fel op hem verbolgen,
Uws vijands voorbeeld tot zijn fchade na te volgen.

* 2

BOCKE.

Zoo doe ik, en zoo zal ik immer doen.

WIJTS.

Nogthans

Kon dat ons fterken, en beftaat er luttel kans,
Dat we in 't gerust bezit van erf en goed geraken,
Zoo niet.....

BOCKE.

Ik hoor gerucht! zou Goslick eindlijk naken?

VIJFDE TOONEEL.

DE VORIGEN, GOSLICK.

BOCKE.

Hij is 't. — Wees, Broeder, wees ons welkom weêr in Sneek!
Maar 'k bid u, meld ons ras uw wedervaren, fpreek!

GOSLICK.

't Is alles waar: de band van vriendfchap werd verbroken;
Wat ik er tegen fprak was in den wind gefproken.....
Ik zal ons onderhoud u nader doen verftaan,
Doch eerst beraamd, wat best daar tegen zij gedaan;
Hoe doen we Juw de vrucht van die verzoening derven? —
'k Wil in Oostfriesland bij Graaf Edzart Knechten werven,
Of, kan diens gierigheid mijn' wenfchen niet voldoen,
Mij ftraks naar Holland, tot den Vorst van Sakfen, fpoên,
En zien, wat mij aldaar, bij Albrecht, mag gelukken:
Want Bolsward moet ik Juw, den dwingeland, ontrukken,
Het koste wat het wille, op deze of gene wijs;
Daar geef ik alles voor, ja zelfs het leven, prijs.

BOCKE.

Doe wat ge wilt, maar dwing mij niet, als gij te denken:
Neen, daartoe zal ik u mijn bijval nimmer fchenken.

WITTS, *tegen Goslick.*

Den mijnen hebt gij, Zoon.

GOSLICK, *tegen Bocke.*

Ik vind geen andren weg
Ter overwinning, wat en hoe ik 't overleg.
Wat helpen, Bocke, ons toch onze eigen, zwakke krachten?
'k Heb niets van Franeker, en wat van u te wachten?

BOCKE.

Niets op zichzelf en tegen de overmacht van Juw,
Maar menig deeglijk vriend bleef u en mij getrouw
En zoo wij allen ons tot één ontwerp vereenen.....

GOSLICK.

Maar ieder fchroomt alvast ons zijnen arm te leenen.
Ja, vrienden zullen ons volijvrig bijftand biên,
Zoo zij er kans op winst en geen gevaar in zien;
Uit louter vriendfchap, nooit! Wat's vriendfchap? liefde? klanken
En fteunfels, die, in nood, bij d' eerfte windvlaag wanken!
't Verraad van Hottingha wordt zelfs, naar allen fchijn,
Bij velen niet gewraakt en kan befmetlijk zijn.

BOCKE.

'k Gevoel het een en durf het ander niet ontkennen,
Doch, vreemde Knechten! 'tis onze eer,'sLands vrijheid,fchennen!

GOSLICK.

't Is enkel voor een tijd: ik dank hen weder af,
Zoodra hun dapperheid ons mijne ftad hergaf.

BOOKE.

Indien gij 't kunt, en zoo 't hunne Overften gedoogen. —
Der Sakfen Vorst vooral is haatlijk in mijne oogen:
Wij weten, wat hij zoekt; betoont hij zich uw vriend,
Hij eischt er zeker voor, dat gij hem weder dient,
En, tot zijn doel op ons, hem zult behulpzaam wezen.
Hij wil hier heerfchen: dat, o Goslick, doet mij vreezen!

WIJTS.

Dat, Booke, duchten wij — geloof ons — evenzeer
Als gij, en wie er ooit een vreemden Vorst begeer',
Ik waarlijk niet, gij kent me; en gij verdenkt uw broeder?
Hij, flaaf eens Albrechts zijn! ben ik dan niet zijn moeder?

GOSLICK, *tegen Booke.*

Bezwaart u dat? Welaan, ik zweer, als Edelman:
Zoo 'k tot dien prijs-alleen zijn hulp verwerven kan,
Dan, zie ik van haar af.

BOOKE.
Thans voel ik mij geruster. —
Doe dan, gelijk ge zegt.

GOSLICK, *tegens Ansok, die zich,*
eenige oogenblikken te voren, verwijderd
had en nu terugkeert.

Laat ons ten disch gaan, Zuster:
'k Gevoel mij afgemat en moet weêr morgen voort.

ANSOK, *in het algemeen.*
Zoo volgt me.

BOOKE, *tegen Goslick.*
Maar ik bouw, mijn Broeder, op uw woord.

GOSLICK.

Ter zijde.   *Luid.*

Als ik het houden kan. Gij moogt er op vertrouwen;

Doch Friesland moet en zal verwinnaar mij aanfchouwen,

Op Wijts wijzende.

Zien, dat ik mij, en haar, in ons bewind herftel,

In weêrwil — moet het zijn — van Hemel en van Hel! —

Doch ik bezit.....

BOCKE.

Het zal aan goud u niet ontbreken.

Ik heb uw lastering niet willen tegenfpreken,

Maar zal u toonen, en bewijzen metterdaad:

Dat mijne vriendfchap niet uit woorden flechts beftaat.

Allen volgen Ansck.

TWEEDE BEDRIJF.

EERSTE TOONEEL.

Heeg. In den avond van den 29 September 1495, even na zonnenondergang. Op het hiem van eene arbeiders-woning, kort bij gemeld dorp.

          Wijger, *uit de woning tredende.*

Welk een fchoone, liefelijke herfstavond! O algoede Vader der waereld, welk eene aangename verblijfplaats zou deze uwe heerlijke aarde zijn, indien er flechts andere menfchen op woonden: menfchen, die elkander inderdaad als broeders beminden, en den vrede niet verftoorden, welke er op heerfchen kon en, naar Uwen wil, op heerfchen moest! (*Wijgers kleinzoon, een knaapje van veertien jaren, treedt op en zet zich op den achtergrond neder, om zijne boterham, die hij in de hand heeft, op te eten.*) Maar wat hebt gij, Wijger, oude Krijgsman, zelf gedaan? — Nu ja, ik heb zoolang geftreden, totdat mij (*Op zijn rechterbeen wijzende.*) dit been door eenen fabelhouw voor immer verlamd werd; — maar ten minfte voor eene gerechte zaak: want dat is die der Schieringers.

         De Knaap, *koomt naar hem toeloopen.*

Grootvader, wat zijn dat, Schieringers?

WIJGER.

Jonge, waarom vraagt ge mij dat?

De KNAAP.

Wel, ik hoor ze zoo dikwijls door u en door moeder noemen; en als ik des zondags, met de andere jongens van het dorp, op het kerkhof fpeel, dan vechten wij ook wel eens tegen Sjoert van den Poortier op Harinxmahuis en die het met hem houden, en dan zeggen die, dat ze Schieringers en dat wij Vetkoopers zijn. Maar wat dat beteekent, weet ik niet. Ik pas maar op wat te raken, fchoon Sjoert altijd hebben wil, dat de Schieringers het winnen zullen.

WIJGER.

Nu, luister dan. De Schieringers zijn die genen onder de Friezen, die voornamentlijk van den handel en van de zeevaart leven; die met onze waren, inzonderheid met boter en kaas, en aal, gelijk wij dien zoo overvloedig in ons Heegermeer vangen, naar andere en verre Landen trekken, en ons daaruit terugbrengen, wat wij hier niet bezitten en toch benoodigd zijn, of altoos gaarne bezitten willen. Daardoor werden zij allengs welvarend, fommigen hunner zelfs rijk, en verkiezen nu ook niet langer de knechten en flaven te wezen, en af te hangen van de groote Heeren of Vetkoopers, die Edellieden en Landeigenaars zijn, en, wanneer zij ook al niet meer, gelijk te voren, de rijkften zijn, echter nog begeeren naar de oogen gezien te worden en de anderen te blijven regeeren. Begrijpt gij dat?

De KNAAP.

Zoowat, Grootvader. De Schieringers zijn dan de Armen, die rijk worden en meê wat willen te zeggen hebben, en de

Vetkoopers de Rijken, die arm worden, en bang zijn, dat zij het hachje kwijtraken zullen, niet waar?

WIJGER.

Ten naastenbij; en daarom nu hebben de Vetkoopers, al vóór langen tijd, ja reeds meer dan tweehonderd jaren geleden, getracht, de Schieringers of Graauwen, die zij dus noemden, omdat de Armeren meest graauwe kleederen droegen, te onderdrukken en onder te houden, terwijl de Graauwen zich al meer en meer onafhankelijk poogden te maken van hen, die het vette der aarde bezaten en zich uit dien hoofde den titel van Vetkooper gaarne lieten aanleenen. Doch even als er Burgers zijn, die, uit belang, en omdat zij meenen, dat deze of gene Grooten hen bevoor- of benadeelen kunnen, die Grooten aanhangen, en Boeren, die omdat zij, meer dan de Stedelingen, van de Landbezitters te hopen hebben, of uit ontzag voor het oude en voormaals gevestigde, zich Vetkoopers heeten, even zoo beftaan er ook groote Heeren, die het voor den Koopman en den Handelaar opnemen en zich mede Schieringers noemen. Tot dezulken behoort ook ons Heerfchap, Douwe Harinxma, dien ik zoovele jaren trouw gediend heb, en die mij dat ook ruim vergolden heeft. Vergeet niet, Jonge, dat, zonder hem, uwe goede moeder Jel, mijne brave dochter, na het zoo vroeg overlijden van uwen vader, niet zou hebben kunnen beftaan; dat hij ons onze twee koeitjes, en mijn vischtuig, en dit huisje gefchonken heeft. Wees daar dankbaar voor en blijf ook gij fteeds den Harinxmaas verkleefd.

De KNAAP.

Dat zal ik, Grootvader: zou ik hem niet liefhebben, die

u en moeder liefheeft? en van nu af aan zal ik het 's zondags voor Sjoert Poortier opnemen!

WIJGER.

En als gij wat ouder zijt, dan zal ik u dat alles nog
duidelijker maken en klaarder uitleggen. Dan zult gij befpeu-
ren, hoe velen er zich Schieringers of Vetkoopers heeten,
zonder dat het hun klaar is, wat die namen eigentlijk betee-
kenen, en dikwijls alleen, om zich op dezen of genen, wien
zij vijandig zijn, dien zij niet lijden mogen, of van wien zij
zich beleedigd wanen, te wreken, om hem te plagen en te
benadeelen, of ook wel bloot, om zichzelven te verrijken.
Zoo doet Juw Juwingha, te Bolsward, over wien gij mij
wel met uwe moeder hebt hooren redeneeren. Die was
voorheen ook een Schieringer, maar is, uit heerschzucht en
omdat hij de moeder van zijn neefje, Goslick, bitter haatte, —
nu zij maakte het er ook wel wat naar, — een Vetkooper
geworden, en daarom nemen nu alle de Vetkoopers het voor
hem op. Dan zult gij gewaar worden, hoe dat geen, hetwelk
eerst een gefchil tusfchen den Adel en den Middelftand was,
federt, ten minfte meerendeels, een twist tusfchen de Edelen
onderling werd, en hoe de Burgers, en vooral de Boeren,
den Grooten nu tot hamers dienen voor het aanbeeld, waarop
het onheil van ons Vaderland gefmeed wordt, waarvan de
vonken zich wijd en zijd verfpreiden! Hoe eindelijk die twist
federt lang niet meer beftaan zou, waren er die Grooten
maar niet. Dachten zij echter allen zoo als Douwe Harinxma, dan zouden zij-zelven dien helpen nederleggen.

De KNAAP.

Ik verlang reeds, Grootvader, dat ik grooter word, om

dat alles nog beter te begrijpen. — Maar een Schieringer wil ik worden en de Vetkoopers zullen mij mijn boterham niet afnemen!

TWEEDE TOONEEL.

DE VORIGEN, JEL.

JEL, *tegen haren zoon.*

Koom, Wijger, 't is tijd naar bed te gaan. Of is grootvader weder aan het vertellen?

WIJGER.

Neen, Dochter. Ga, Jonge, naar bed, en flaap gerust. — Maar eerst eene kus. (*Omhelst hem.*) Goeden nacht, mijn Naamgenoot! — (*De kerkklok van Heeg begint te kleppen.*) Hoort! Mijn God! wat is dat? (*De knaap loopt naar den achtergrond en ziet uit.*) Zouden de vreemde Knechten van Juwingha.....

JEL.

Ik meende, dat hij die had afgedankt?

WIJGER.

Toen het in het voorleden jaar tegen den winter ging en nadat hij zich met Juw Hottingha verzoend had, ja; maar federt de laatfte overleden is en diens broeders, Jarich (die Juw in het bewind over Franeker is opgevolgd) en Here, geweigerd hebben, hunne nicht aan Juwinghaas zoon, Tjerck, tot vrouw te geven, en den vrede te houden, heeft hij er weder nieuwe aangenomen. Herinnert gij u niet, Jel, dat ik het u reeds verhaalde?

De KNAAP, *terugkomende.*

Grootvader, Grootvader, wat een menfchen in het dorp!

er wordt gevochten, en onze buurman, Sijtze, de Smid, koomt hard hierheen loopen! hij wenkte mij!

JEL.

Goede Hemel, wat zal ons overkomen? O God, red mijn kind, mijn eenigst kind!

WIJGER.

Bedaar, bedaar! bedenk.....

DERDE TOONEEL.

DE VORIGEN, SIJTZE.

SIJTZE.

Buurman, red u! Volgt mij in des Pastoors huis, hetwelk zij zeggen te zullen verfchoonen. De Knechten van Juwingha overvallen ons arm Heeg en plunderen en branden! Om 's Hemels wil, volgt mij!

WIJGER.

Dank, Buurman Sijtze, maar ik ben te oud om het verlies van al het mijne te overleven. Ook kan ik zoo fpoedig niet voort. Maar gij, mijne Jel, ga gij, en onze Wijger, met hem.

JEL.

Zonder u? Neen, Vader!

WIJGER.

Moeder, red uw kind, leef voor uwen zoon! — Mij, ouden Krijger, zullen Krijgslieden fparen.

SIJTZE, tegen Jel.

Voort, voort: gij moogt u niet lang beraden!

JEL, tegen Wijger.

Vader! hoe kan ik?

WIJGER.

Om uw kind. Ik beveel het u! (*Omhelst haar en den knaap.*) Vaartwel!

- De KNAAP.

Moeder, wie zou mijn goeden grootvader kwaad doen?

JEL, *tegen Wijger.*

Nu dan, zoo befcherme u Hij, zonder Wiens wil ook niet één pluimpje aan het hulpelooze muschje ontvallen kan! (*Met Sijtse en den knaap af.*)

WIJGER, *ontbloot met eerbied zijn hoofd en heft aan.*

Dien Gij bewaart, dien Gij, o God, wilt hoeden,
  Is wel bewaard; wat is er, dat hem krenkt?
Hem naakt geen leed, hij kent geen tegenfpoeden,
  Hij vreest geen kwaad, dien Gij uw bijftand fchenkt.
Gij zijt mijn rots, mijn burgt en vast betrouwen:
  Ik kan, met U, den dood in 't aanzicht fchouwen.....

VIERDE TOONEEL.

WIJGER, *twee* RUITERS.

EERSTE RUITER.

Heidaar, wie zingt hier? — Gij, oude Grijskop? Wacht, Man, dat liedje zal haast een einde hebben!

WIJGER.

Wat wilt gij, Ruiters?

TWEEDE RUITER.

Plonderen, branden!

EERSTE RUITER.

Uw nest in brand fteken, en u, zoo gij er één woord

tegenfpreekt, netjes midden in de vlam werpen, Boer!

WIJGER.

Mij berooven? in de vlam werpen? mij, een ouden Wapenknecht, in de krijgsdienst gewond en verlamd?

TWEEDE RUITER.

In de dienst? — een Krijgsman? — en in wiens dienst?

WIJGER.

In die van de Harinxmaas.

EERSTE RUITER.

Ha! dus een Schieringer! in dienst van de Harinxmaas? van die roovers, moorders, fchelmen, gaauwdieven!

WIJGER, *driftig wordende.*

Dat 's gelogen!

EERSTE RUITER, *evenzoo.*

Gelogen, oude Strooper?

WIJGER, *nog driftiger.*

All' zulke titels komen Juw Juwingha beter toe! Leve Harinxma!

EERSTE RUITER, *evenzoo.*

Herhaal dat in de hel! (*Houwt hem neder; dan tegen den tweeden Ruiter.*) Koom, Kameraad! er zal nog wel zooveel vuurs in huis wezen, als noodig is om ook dat ding op te branden! (*Beiden in het huis. — Wijger fterft.*)

VIJFDE TOONEEL.

Coudum. 23 November 1495. Opene plaats vóór de flins van Hartman Galama. De ATTE (*Dorpsrechter*) *en de* HUISVADERS *van het dorp zijn bijeenvergaderd en met elkander in gefprek, waarbij zij nogthans eene eerbiedige*

ſtilte in acht nemen, ſprekende ſlechts zacht. Na eenig
tijdsverloop treden de KNECHTEN *van Galama uit de*
ſtins en door de voorpoort, ter wederzijde van dewelke
zij zich ſcharen. De Dorpelingen reien zich rechts en
links aan hen en vormen alzoo met de Knechten eenen
halven kring. Dan treedt HARTMAN GALAMA *zelf in*
hun midden.

HARTMAN.

Getrouwen, die, ten ſpijt vau wie hem minder acht,
Nog Hartman Galama als wettig Heer betracht
Van 't boschrijk Coudum en zijn welige ommeſtreken,
Hoort, wat de hoogſte nood hem dwingt tot u te ſpreken.
　Doch zijn hier, Atte, alle uwe dorpelingen t' zaam?

De ATTE.

'k Ontbood, hoogedel Heer, hen allen, in uw naam;
Geen Hoofd eens huisgezins ontbreekt er naar ons meenen:
　Den kring naauwkeurig overziende.
Neen, niemand bleef terug, zij allen zijn verſchenen.

HARTMAN.

De Schieringer, geſterkt door overzeesch geweld,
Voert tegen ons op nieuw eene oorlogsmacht te veld.
Nooit heeft er ſterker heer den Frieſchen grond betreden
Sinds onze Vaadren hier met Hollands Graven ſtreden.
't Is Goslick Jonghama — wie uwer kent hem niet
En haat hem niet als ik — die 't zaâmbracht en gebiedt,
Om Bolsward allereerst aan Juwingha te ontrukken,
En dan heel Westergoo, gansch Friesland, te onderdrukken.
Zóó zoekt hij nu, op ons, en zijn gevreesden neef, —
Die, wat ook Goslick deed, hem immer meeſter bleef,

Als, met gelijke macht, zij ten gevecht verfchenen, —
Door vreemdelingen, die hij elders is gaan leenen,
Of bedelen, bij Graaf en Hertog, — welk een fchand! —
Te zegevieren; zóó zijn naasten bloedverwant
En ons, door overmacht van benden, te verpletten!
Hij flaagde aanvanklijk reeds: all' wat zich dorst verzetten,
Bezweek voor 't vreemde zwaard en fneefde, of nam de vlucht;
Ons Friesland davert van 't fchrikbarend krijgsgerucht
En velen hebben reeds het uiterst wee geleden.
De vlam des oorlogs fpaart noch dorp, noch ftins, noch fteden;
Jortrijp, de Hommerts, brandde; ontzet werd Hettingha;
Juw vlood van uit der IJlst en 't huis van Harinxma,
Naar Bolsward; Worckum zag den vreemdling in zijn wallen
En 't fterke Holtingha, na dappren weêrftand, vallen,
Hoe leed het Waltha was, die 't eerst den Schiering nam,
En nu ter naauwer nood zijns vijands boei ontkwam;
Molkwerum, Staavren mede, en 't fcheeprijk Hindeloopen,
Gaf geld, van vee en grond, om 't plundren af te koopen,
En thans bedreigt men ons: want Goslick vordert nu,
Door boôn en brieven, zulk een afkoop ook van u,
Van u en mij, en zoo wij weigren, zoo wij dralen,
En hem, die ons bederft, niet nog daarvoor betalen,
Zoo toeft ons plondering en brand en moord! Wilt gij
U krommen onder 't juk van zulk een tirannij?
Wilt gij, ten voordeel dier vervloekte Soldelingen
U door den Schieringer tot afkoop laten dwingen,
O Gaastman, die zoo vaak op hem gezegepraald
En van dien vijand u een fchatting hebt gehaald?
Ik niet! mij zal men dus verneedren noch beleedigen!

3

Ik kan mij wel is waar niet tegen hem verdedigen,
'k Moet wijken, zoo ik mij niet onderwerpen wil,
En zal ook vluchten, maar, niet in 't geheim en stil,
O neen! heel Gaasterland zal van die vlucht gewagen,
En 'k gun geen' vijanden er winst van weg te dragen.
Ik zal den eedlen, heinde en verr' beroemden naam
Der fiere Galamaas, hun maagdelijke faam,
Handhaven, en in 't vliên naar nieuwe glorie streven!
De Schiering kome, ik zal naar Wijckel mij begeven,
Dat, door de Woudliên, die, als ik, afkeerig zijn
Van slaaffchen dwang zoowel als valfchen vriendfchapsfchijn,
Mij tot een wapenplaats en wijk werd aangeprezen.
Daar zullen zij eerlang ook tegenwoordig wezen;
Daar kunnen wij, met hen, den Schiering wederstaan,
Vandaar, hem andermaal bestrijden en verslaan,
Vereend met Oostergoo, — dat ons te hulp zal komen
Zoodra het zeker is dat wij den strijd niet fchromen, —
En Groningen, dat meê zijn arm ons niet ontzegt,
Daar 't even gaarne als wij den Schieringer bevecht.
Des heb ik gade en kroost, met wat zij bergen konden
Van goud en kostlijkheên, naar Wijckel heengezonden,
En volg hen onverwijld, eer Goslick ons verrast.
Nog eenmaal: Hartman vlucht, maar zoo 't een dappren past,
Die, waar geen wederstand der goede zaak kan baten,
Nogthans der Vaadren erf zijn' vijand niet zal laten.
En daarom, vóór uw oog, zet mijner Knechten hand
Mijne ouderlijke stins op mijnen wenk in brand!

> *Hij trekt zijn zwaard en zwaait het drie malen*
> *hoog over het hoofd. Dadelijk hierop slaan*

de vlammen uit het onderſte gedeelte der ſtins naar boven. De brand neemt vervolgens al meer en meer toe, en op het einde van dit tooneel ſtaat het ganfche gebouw in vollen gloed.

Ziet! — Wilt ge naar mijn raad en naar mijn voorbeeld hooren,
Dan is den Schieringer een puinhoop ſlechts befchoren;
Dan werpt ook gij de toorts in uwe huizen, voert
Het uwe en de uwen mede en volgt me! — Gij ontroert!
Maar 't is van woede en ſpijt: die ſmart zal ik niet laken;
De tranen biggelen op uw gebruinde kaken, —
Weent! ik heb ook geweend; maar, Mannen, elke traan,
Door u en mij geſtort, koomt hun op bloed te ſtaan!
Koomt, volgt me, om nevens mij met dubble kracht te ſtrijden,
Om 't leven aan de wraak en hun verderf te wijden,
En als gij hen, een prooi van onzen wrok, aanfchouwt,
Door ons ter neêrgeveld, dan Coudum ſtraks herbouwd
En 't zoet der vrijheid daar gelijk voorheen genoten, —
Of — ja! geſneuveld, heeft het God aldus beſloten,
Maar vrij! — geen uwer meer die aarzelt! volgt mij na.

De ATTE.

Ja, vrijheid!

Een DORPELING.

Vrijheid!

Een ANDER.

Wraak!

ALLEN, *door elkander.*

Gelei ons, Galama!

HARTMAN.

O! 'k wist het! Brandt dan, blaakt! verwoest, uit alle uw krachten,

* 3

Huis, haardſteê, erf en grond. Nu gaat, ik blijf u wachten
Aan d' uitgang van het dorp, waar 't ſpoor naar Wijckel leidt.

De Atte en de Dorpelingen verſtrooien zich.
Hartman vervolgt tegen een Knecht.

Mijn ros! Vaarwel, mijn Stins! de ſmaad van dienstbaarheid
Zal 't aadlijk Galama bevlekken noch onteeren;
Geen vijand zal op u feesthouden en braveeren,
En lachen om mijn vlucht! Verheft u, Vlammen, vrij,
Verlicht zijn ſchande en weest een zegevuur voor mij.

Men brengt hem zijn paard. Hij beſtijgt het en
rijdt af. Zijne Knechten volgen hem.

ZESDE TOONEEL.

Sneek. 21 Februarij 1496. Voorzaal op Harinxmahuis.
BOCKE, GOSLICK.

BOCKE.

Welnu? wordt niet mijn vrees te ſpoedig ſlechts bewaarheid?
Verſchaft niet dag op dag hunn' plannen grooter klaarheid?
Zij roemen uwe zaak en ijvren voor uw recht, —
Mits gij hun 't rooven en vrijbuiten niet ontzegt,
En zorgt voor alles wat hun hebzucht kan verzaden, —
Altoos met woorden: want te handelen in daden
En op uw weêrpartij met wapens los te gaan,
Dat is het, waar zij zich zoo goed niet op verſtaan!
Die Soldelingen, die ge Oostfriesland wist te ontleenen,
Die u zoo nuttig, ja, zelfs onontbeerlijk ſchenen,
Wat deden ze voor u? is Bolsward in uw macht
En tot gehoorzaamheid aan zijnen Heer gebracht,
Of heerscht uw fraaie neef er immer als voordezen?

GOSLICK.

Zij hebben ons hun trouw en dapperheid bewezen,
De Woud- en Gaasterliên met Galama verjaagd;
All' wat aan Bolsward grenst met oorlogswee geplaagd;
Op d' Oldeklooster Abt ons naar mijn wensch gewroken,
En zouden, had het niet aan stormtuig ons ontbroken
En wind en regen voorts den veegen wal gered,
In Frieslands hoofdstad-zelf mij op den stoel gezet
En Oostergoo aldus geheel vernederd hebben.

BOCKE.

Doch daarmeê sloeg de stroom huns voorspoeds ook aan 't ebben
En de overwinning, die te Wijckel was behaald,
Werd, met de nederlaag van Beerenvelt, betaald.
Die vriend van Jonker Fox liet in de Lemmer 't leven,
En niet slechts hij.....

GOSLICK.

Voor hem en die er met hem bleven
Heeft de overwinnaar, meer dan veertienvoud, geboet,
Toen, op het Slootermeer, der onzen deugd en moed,
Die als een ijsren muur van wanklen wist noch wijken,
Het onafzienlijk heer des Woudmans deed bezwijken,
Gelijk ge van Woudsend het zelf hebt aangezien.

BOCKE.

Deed daar hun deugd en moed de Woudbewoners vliên,
Die, schoon voor d' eersten maal gekeerd en afgeslagen,
Toch voor de tweede reize een aanval durfden wagen,
En toen, in weêrwil van huns vijands krijgsbeleid,
En van zijn grof geschut, en Foxs ervarenheid
In de onuitputbre kunst van listig oorelogen,

Verwonnen hadden, had hen 't water niet bedrogen;
Dat, al te dun van d' aâm des winters overkorst,
Door 't fcheurend ftroomkriftal verdervend henenborst,
En, tot behoud van Fox, die dappren heeft verflonden,
Bedekt met lauweren en eerelijke wonden?

GOSLICK.

Ook de onzen kunnen zulke u toonen en gij weet,
Hoelang de Veldheer-zelf aan zijn kwetzuren leed.

BOCKE.

Doch fpreken wij niet meer van 't geen zij vroeger deden
Of — lieten, Goslick, en bepalen we ons bij 't heden.
Hoe hen alsnu gepaaid? hoe raken we hier vrij
Van 't uiterst lijfsgevaar? zij vordren hun foldij,
Die duizenden beloopt, die zij zoo menig malen
U vroegen en gij lang hadt moeten uitbetalen.
Zij vordren die met woede, en niet van u-alleen,
Maar van Lou Donia en ook van mij meteen.
Hoe kunt en zult ge u thans van uw verplichting kwijten,
Mij en mijn zwager uit den muil der doggen rijten,
Wier honger zich geenszins met woorden fpijzen laat?
Uw Jonker heult met hen, of weet altoos geen raad
En durft, of wil veellicht, de muiters niet beftraffen.
Nu zwijg niet langer, gij, gij moet hier hulp verfchaffen;
Red ons en deze Stad, die hen voor uw belang
Heeft ingenomen. — Mensch! voorkoom mijn ondergang!
God, had men nimmer mij tot hunne ontfangst gedwongen,
Den voet mij dwars gezet, den teugel mij ontwrongen
Van 't hoog bewind, en Sneek geleverd aan een gast,
Die van geen krijgswet weet en op geen Veldheer past!

GOSLICK.

Heeft niet uw Burgerij de poorten hun ontfloten?

BOCKE.

Ja, door uw toedoen!

GOSLICK.

Wat?

BOCKE.

Nadat gij onverdroten

Den vreemdling, dag op dag, den weg naar hier getoond
En voor mijn dienften mij zoo avrechtsch had beloond!
Uit uwe arglistigheid is deze ramp gerezen! —
Ik zeg het nogmaals: gij hebt hen op Sneek gewezen,
Toen gij voorheen met hen in Oldekloofter laagt,
En fchreeft mij daarvan niets en liet ons ongevraagd.

GOSLICK.

Maar — zeg ook ik nog eens — uw Burger liet hem binnen.

BOCKE.

Ja, 't fchuim des Volks, dat alles waagt om iets te winnen,
En daadlijk zich met hen, ten nadeel onzer Stad,
Vereenigde, en waar gij juist op gerekend had;
Een breidellooze hoep van lediggaande boeven
En lichtekooien, die op zedeloosheid fnoeven,
En met uw Knechten Sneek geplonderd en in brand
Geftoken hebben zou, wanneer ik, naderhand,
Had durven onderftaan, mij weigerachtig te uiten,
Toen Jonker Fox mij vergde, ook hem dees wijk te ontfluiten
En met zijn ganfchen ftoet haar juichend binnentoog.
Gij zoudt niet weten, wie en hoe men mij bedroog,
Ondankbre Broeder van eene aangebeden gade?

Om wie ik u vergeef, wat gij ook, maar te fpade,
Betreurt, en zwijgen zal van uw verraad voortaan,
Nu ge eens mijn meening en de waarheid hebt verftaan;
Om wie ik u, van 't geen ge nevens ons zult lijden,
Nog, zoo ik dat vermocht, God weet het, zou bevrijden!

GOSLICK.

Bezit ge dan niets meer?

BOCKE.

           Daarvoor hebt gij gezorgd!
Gij hebt zoo dikwijls en zoo veel bij ons geborgd,
Geleend, gepracht, — o laat me u harder woorden fparen, —
Dat ik onmachtig mij, en geldloos, moet verklaren.

GOSLICK.

Leg dan der Burgerij een fchatting op: 't is voor
Haar Heerfchap, en alzoo.....

BOCKE.

             Den ganfchen winter door
Heeft zij den vreemdeling geherbergd en gekoefterd,
Gekleed, gereed, en als haar wiegekind gevoefterd,
Ze is eindlijk uitgeput en heeft ter naauwer nood, —
Ik zwijg van geld, — voor zich en hare gasten, brood.
Den Knechten is 't bekend, en daarom juist beginnen
De Muit- en Hebzucht nu heur laatfte web te fpinnen,
En, wat gij fchuldig zijt, te vordren van dees Stad,
Die hun reeds alles gaf wat zij te geven had.
Is hun de fold voldaan, dan zullen ze vertrekken,
Om rijkeren dan gij tot dienst, of plaag, te ftrekken; —
Tenzij ge bij geval een middel vinden mocht,
Dat Albrecht, aan wiens zaak hun Overfte is verknocht,

Bewoog, hen, kosteloos, u weder aan te bieden; —
Veellicht verwacht hij dat, maar 't moet noch mag gefchieden!
Herinner u, wat ik u vroeger heb gezegd,
En laat hem gaan, dien Vos, der vreemde Vorften knecht,
Die u en mij bederft, ons-beider goed verfpilde,
En u in Bolsward kon, maar niet herftellen wilde,
En 't nimmer willen zal, hoezeer daartoe bekwaam
En machtig, is het niet zijn Hertog aangenaam.

ZEVENDE TOONEEL.

DE VORIGEN, ANSCK, *met drift opkomende.*

BOCKE.

Wat jaagt u hier, mijne Ansck, en deed u dus ontroeren?

ANSCK.

Vernaamt gij ook de taal, die zij daar buiten voeren?
» Het Heerfchap fchaffe ons geld, of blijve in gijzeling,
» Tot elk van ons de fold hem toegezegd ontfing.
» Men pijnig' hem zoolang, en Lou, en beider vrinden,
» Totdat ze 't goud, dat zij verloochnen durven, vinden.
» Wat goede woorden niet bewerken, zal der pijn,
» Der geesfelroede eens beuls een lichter arbeid zijn!"
Aldus bedreigen ze u, die vuige vreemdelingen!

Hem naar een venfter leidende.

Gij kunt van hier hen zien; fchouw hoe ze al nader dringen
En nader; wilt gij hen verwachten, mijn Gemaal?
Vlucht, zoo gij vluchten kunt; zij wijzen naar dees zaal!
Zal 't eereloos gefpuis u van mijn boezem rukken?
Zal zijner boeien zwaarte uwe eedle leden drukken?
Zijn beul u martelen, en ik het aanzien? God!

Zich aan zijne voeten werpende.

O red u-zelf, om mij: 't waar al te wreed een lot,
Te ondragelijk een ramp, mijn Lief, voor uwe gade!

   Tegen Goslick.

En gij, ontvlie met hem: ook u beidt geen génade!

                    Bocks, haar opheffende.

Waarheen? al wierd ik ook voor 't oogenblik gered,
Hoe raakte ik uit de stad? de poorten zijn bezet
En ze oopnen die ons niet, al durfden wij 't hun vergen;
En waar toch zoude ik mij voor hun verspieders bergen,
Zoo 'k onbespeurd dit huis verlaten mocht? — Maar wees
Meer kalm, gelaten: maalt, beminde Vrouw, de vrees
't Gevaar u niet te zwart? zou Fox dan dien Soldaten,
Zoo wreed en trouweloos, zijn gastheer overlaten?

                    GOSLICK.

Hij nadert ons.

ACHTSTE TOONEEL.

DE VORIGEN, FOX.

               ANSCK, *valt Fox te voet.*

          Ik werp me, o Jonker, aan uw kniën;
Bescherm mijn Harinxma, of immers laat hem vliên!
Zoudt gij eene Edelvrouw, voor u in 't stof gebogen,
Verstooten, en de woede eens dollen hoops gedoogen?
Eens onbeschoften hoops, die, niet slechts hem en mij,
Maar ook den Veldheer, kwetst door zulk een muiterij?

                    Fox, *haar opbeurende.*

Ik bid u, rijs, rijs op; zoude ik uw beê versmaden?
Uw echtgenoot, mijn vriend, met keetnen zien beláden

En mooglijk..... neen, o neen, dat duldt geen oorlogsman
Als Fox, o Edelvrouw, — zoolang hij 't keeren kan, —
Doch kan ik dat, helaas? wel konde ik met hem sterven
En hem bevechten, maar — wat deed het u verwerven?

Tegen Bocke.

Wat zou 't u helpen? Zelf moogt gij u redden, Heer:
Ik ben geen Overste dier muitelingen meer.
Zij schelden, lastren, zijn in zulk een drift ontstoken.....
Kortom, de hechte band der krijgstucht is verbroken
En nog den eischen van den razenden Soldaat
Gehoor te geven, is mijn laatste en beste raad.
Misschien gelukt het u deze onweêrswolk te breken,
Door hen persoonelijk en minzaam toe te spreken;
Wen gij dat wagen durft, verzel mij dan terstond.

ANSCK.

Nu, Harinxma, mijn Vriend, was mijne vrees gegrond?
Nogthans gij zult niet gaan: ik laat u niet vertrekken.

BOCKE.

En toch kan dat alleen ons tot behoud verstrekken.....
Neen, wederstreef mij niet daar ik beproeven wil,
Of ik dit oproer door belofte en woorden still'
En neêrleg, zoo ze altoos te spreken mij vergunnen,

Tegen Fox.

Mij, die, schoon ze inderdaad niets van me vordren kunnen,
Nogthans, wanneer ik daar 't vermogen toe bezat,
Hun ongerechten eisch alreeds bevredigd had;
Slechts moesten zij daarna dees stad voor immer ruimen;
En wij voortaan niet meer ten doel staan aan hun luimen

Tegen Ansck.

Noch aan uw — gaan we dan! Laat af, mijn Lief: 't is plicht,
Geen middel onbeproefd te laten vóór men zwicht.

Af, met Fox.

ANSCK.

En gij, o Goslick, blijft! zult gij hem niet verzellen?

GOSLICK.

En waarom mij genoopt, mij nutloos bloot te ftellen?
Na 't koelen van hun drift zal ik met meerder vrucht.....

ANSCK.

Hoor! hoor dat dol getier, dat luid, dat helsch gerucht!

Aan het venster.

Zie, Bocke nadert hen..... men wil niet eens hem hooren!
Terug, mijn Harinxma, terug, gij gaat verloren,
En werpt u in een hol vol adders, edel Ros!
Wee, wee! men grijpt hem vast! Verwoeden, laat hem los! —
Men fleurt hem voort! hoenu, gij waagt hem aan te randen? —
Men flaat, men ftoot den held, — niet enkel met de handen —
Ik zie ook dolk en zwaard op 't braaffte hart gericht!
Moordt, Monfters, moordt hem niet, of neemt ook mij het licht!
O! 't is te veel! ik fterf!

Bezwijmt.

NEGENDE TOONEEL.

DE VORIGEN, WIJTS, *op den kreet van hare
dochter aanfnellende.*

GOSLICK.   *Tegen Wijts.*

Bedaar! — zij zwijmt! Och, Moeder,

Gezegend zij uw koomst: ik haast me naar mijn broeder,
  Ter zijde.
Of liever verr' van Sneek, zoo ras 't mij mooglijk is,
  Luid, tegen Wijts.
Gij, sta de onnoosle bij, verzacht haar droefenis.
     Af. Wijts is inmiddels Ansck te hulp gekomen.
     Het gordijn valt.

DERDE BEDRIJF.

EERSTE TOONEEL.

Franeker. 2 Mei 1496. Het vorige vertrek op Hottingha-
huis. Tjets Harinxma gezeten; Foockel treedt haastig
op en wordt gevolgd door Juw Botnia.

FOOCKEL.

Tegen Tjets.

Och laat me, lieve Moei, bij u een fchuilplaats vinden
Voor hem, die zich aan ons, mijns ondanks, wil verbinden,

Tegen Botnia.

En gij, Juw Botnia, laat eindlijk eenmaal af.
Hier, waar mijn vader-zelf aan Juwingha mij gaf,
Zijn hoogvereerde fchim nog om ons fchijnt te zweven —
En Foockel fterken moog', — zal ik u antwoord geven,
En 't eenigst antwoord, dat, offchoon het u mishaag',
Aan zijne dochter voegt en past op uwe vraag.

Ik acht uwe afkoomst, en de deugden uwer Vaderen,
Bekroond in vrede en krijg met eik- en lauwerbladeren,
Sinds eeuwen hier befaamd, bewonderd en bemind;
Ik acht ook uwe deugd; geloof mij niet zoo blind,
Dat ik haar niet befpeur, of haar mijn vriendfchap weiger,
Doch — verg der achting niet, dat zij tot liefde fteiger',
En zich misdadig maak', door 't fchenden van de trouw,

Die mij aan Tjerck verknoopt, mij maakte tot zijn vrouw,
En hem tot mijnen heer en meester, dien ik hoonde,
Wen ik één oogenblik me u toegenegen toonde,
Zóó als ge dat verlangt: zie daarom, Juw, in mij
Eens anders gade alleen, of wel — dat staat u vrij —
Een zuster, die volgaarne u minnen en vereeren
En als een broeder zal beschouwen, en waardeeren.
Hou daarmede u te vrede en verg niets meerders van
Een maagd, die inderdaad u niet meer schenken kan.

BORNIA.

Neen, Jonkvrouw, neen! ik moet en zal uw liefde winnen:
Want ik bemin u meer dan Tjerck u kan beminnen,
En mijne liefde zal vermeerdren, dag aan dag,
Wanneer ik eenmaal u de mijne noemen mag.
Ik kan geen grooter heil mij op deze aarde denken,
En zeker zult ook gij mij eens uw weêrmin schenken
En met mij 't reinst geluk genieten in den echt,
Die tot mijn gade u maakt, daar gij, mij te achten, zegt:
Oprechte en zuivre min wordt best gegrond op achting. —
Ja, heerlijk loont zich eens, wat thans de plichtsbetrachting
U voorschrijft en gebiedt, daar toch niet ik alleen,
Uw hand mij toewensch, maar uw gansch Geslacht meteen,
Dat nooit den Juwinghaas bevriend was, noch verbonden,
En ware vrienden steeds in 't mijne heeft gevonden,
Ons huwelijk verlangt, en, daar uws vaders dood
Een zoen verbroken heeft, dien hij te roekloos sloot,
Eens vijands zoon verwerpt, afschuwlijk in zijne oogen,
Terwijl 't zijn zegel hecht aan mijn volstandig pogen.
Weêrstreef ons des niet meer, verhoor me en word mijn gâ.

TJETS.

Gij valt haar al te hard en lastig, Botnia.

Ik-zelf betwijfel nog, of zij u mag verhooren:

De trouw, die zonder dwang en eerlijk werd gezworen,

Verbreekt de vrije Fries altoos zoo eensklaps niet.

Haar toeftand vordert ook, dat gij het leed ontziet,

'Twelk haar zoo fmartlijk treft; een liefderijken vader

En eedlen bruidegom ontnam haar 't lot te gader,

Met eenen enklen flag, nòg maar zoo kort geleên,

En diep rampzalig werd die hoogst gelukkig fcheen.....

TWEEDE TOONEEL.

DE VORIGEN, JARICH HOTTINGHA.

JARICH, *tegen Botnia.*

Ik zoek u overal en heb u veel te melden.

Gij weet, hoe fmadelijk zij Bocke tergden, kwelden,

En folterden (helaas!) met de uitgezochtfte pijn,

Die vreemden, die nog fteeds in Sneek gebieders zijn,

En hoe hij, raadloos en door doodsangst aangedreven,

Naar 't laatfte middel greep, tot uitkoomst hem verbleven,

En Groningen bezwoer, hunn' eifchen te voldoen.

Welnu, dat zal gefchiên; die Stad wil Sneek behoên;

Den vreemdeling betaalt ze en binnen weinig dagen

Zal van diens tirannij heel Friesland zijn ontflagen,

Maar tot zijn ondergang: het Groninger Verbond,

Dat Sneek zoo lang verwierp, met ons verderflijk vond

En haatlijk, heeft die Stad zich daarvoor aangefloten,

En Bocke-zelf vertrekt, met zijne lotgenooten,

Lou, zijnen boezemvriend en zijner zuster gâ,

Die Sneek met hem regeerde, en Sijtze Harinxma,
Zijn neef en grootste steun in staats- en krijgsbedrijven,
Naar Groningen, om daar als gijzelaars te blijven,
Schoon in eene eerelijke en vrije hechtenis,
Totdat der krijgsliên loon dier Stad hergeven is.

TJETS.

Hoe! Sijtze almede? ook hij, mijn vader! 'k moest het duchten,
't Is waar, doch evenwel..... kon hij dan niet ontvluchten?

JARICH.

Hij werd, sinds hij tot IJlst gevangen was geraakt,
Niet minder streng en naauw dan Bocke en Lou bewaakt.

TJETS.

Maar hadden Here en gij en beider Onderzaten,
In steê van Groningen, de muitende Soldaten
Voldaan, die trotsche Stad zong nu geen zegelied.

JARICH.

Uit eigen middelen vermochten wij dat niet,
Doch, zoo de vreemdling zijn beloften niet verbroken,
Maar ons op Juwingha en Waltha had gewroken
En Goslick eens hersteld in heerschappij en macht,
De Deelen hadden hem 't verschuldigde opgebracht.

Tegen Botnia.

Wat nu gedaan, terwijl van drie getrouwe vrinden
En hunnen bijstand wij ons dus verstoken vinden,
En d' arm van Goslick, die, met schending van zijn eed,
Bij tijds te ontsnappen wist aan 't hem bedreigend leed,
En niet is weêrgekeerd, almede moeten derven?
De winst van ons verlies zal Juwingha verwerven,
Altoos wanneer we niet, door eigen dapperheid,

4

De ſlagen, die hij ons gewis reeds toebereidt,
Voorkomen kunnen, of ze weten af te keeren,
En door beleid en list, wat nog ons bleef, verweren.
Ik wacht mijn broeder ſtraks, opdat we ons des beraân
Met u, mijn Vriend, wien 'k ſmeek, thans niet van hier te gaan.
Roof ons uw doorzicht niet dat wij zoo zeer behoeven,
En laat, in mijn vertrek, ons Heres aankoomst toeven.

BOTNIA.

Ik blijf, daar gij 't begeert; doch dat intuſſchen mij
Uw voorſpraak bij uw nicht nog eens behulpzaam zij.

JARICH.

Zij weigert dan nog ſteeds wat we allen wenſchen, willen,
En haar zoo vaak?.... maar 'k zal geen woorden meer verſpillen
Aan eëne ondankbre, die mijn raad en beê veracht
En met den vijand heult van haar geheel geſlacht.
Zij ſluite een gruwbren echt, waartegen onze wetten
Niet dulden dat haar voogd en magen zich verzetten:
Zij kan het immers, ſchoon haar oom, noch nu, noch ooit,
In die verbindtnis ſtemt, neen, bij den Hemel! nooit!
Maar mogen in dien echt ſlechts rampen, leed, en plagen
Haar deel zijn, nooit voor haar één uur van voorſpoed dagen!
Zij lijde, in man en kroost, en meer dan iemand leed!
Ik, die haars vaders plaats naar zijnen wil bekleed
En haar heb lief gehad, vervloek haar! Heel uw leven,
Verſtokte, blijf' die vloek aan u en de uwen kleven,
Hij make u 't huwlijk, en de waereld, tot een hel,
Ja, dat hij over 't graf, vóór God-zelf, u verzell'.....

FOOCKEL.

Houd op! ik zal — ik zal mij-zelf rampzalig maken!

Om u, en, met mijn min, mijn aardsch geluk verzaken!
Ik zal gehoorzaam zijn en doen wat gij gebiedt! —
En evenwel mijn plicht, mijn trouw verraad ik niet, —
Dat geene Hottingha zich daartoe ooit verneder!

Tegen Botnia.

Hier reikte ik Tjerck een ring, gij, Juw, breng mij dien weder,
En 'k geef u mijne hand, mijn leven, en mijne eer —
Mijn hart (dat weet gij) is mijn eigendom niet meer!
Breng — zeg ik — mij dien ring, en 'k zal uw huisvrouw wezen,
Want — Tjerck herinnert zich, wat, met dien ring, voor dezen,
Zijn bruid hem heeft gezegd, en zoo hij 't niet meer wist —
Het is genoeg! nu ga; — doch door verraad, noch list,
Noch opentlijk geweld, zij hem dat pand ontwrongen;
Vrijwillig gaf ik het, hergeef hij 't ongedwongen.

BOTNIA.

En ftaan mij, buiten dwang, list en verraderij,
Die 'k beide diep veracht, alle andre middlen vrij?

FOOCKEL.

Alle andre? — Ja.

BOTNIA.

Heb dank. Doch hoe zult gij ontwaren.....
Doch moog' zijn eigen fchrift, o Foockel, u verklaren;
Hoe ik den ring bekwâm, — dien ik bekomen moet!

FOOCKEL, *tegen Jarich.*

Vergun, dat, tot dien tijd, ik mij naar Belckum fpoed',
Mijn Oom; Banck Hemmema en haar gemaal verlangen —
't Is mijner Moei bewust — te hunnent mij te ontfangen.
Veroorloof, dat aldaar mijn fel bewogen hart
Zich, immers voor een wijl, verpooze van zijn fmart,

* 4

Dat ik er, aan de borst van mijne zielsvriendinne,
Kan 't zijn, mijn vroegere gelatenheid herwinne,
En, tot verzachting van de toekoomst die mij wacht,
Berusting in Gods wil mij aan te werven tracht!

TJETS, tegen Jarich.

Ik fmeek het u met haar, laat u tot meêlij nopen.

JARICH.

Tegen Tjets.   Tegen Foockel.

Ben ik zoo wreed? Het zij: ik durf met reden hopen,
Dat Bauck mij niet weêrfpreekt, u onderwerping leert
Aan 't geen, tot uw geluk, een voogd van u begeert.

   Tegen Botnia.

Koom, gaan we.

BOTNIA, tegen Foockel.

Vaar dan wel, en mocht het me ook mislukken,
Niets is in ftaat uw beeld uit mijn gemoed te rukken,
O Jonkvrouw, uit dit hart, dat, hoe zijn noodlot vall',
U toegewijd is, u aanbidden blijven zal.

Met Jarich af.

TJETS.

Mijn Nicht, mijn waardig Kind, hoe zeer ontroert me uw lijden!

FOOCKEL.

Waarvan, o lieve Moei, flechts God mij kan bevrijden.
Doch, naar ik hoop en meen, deed ik mijn plicht geftand:
Des leggen wij het verdre in Zijne vaderhand.

DERDE TOONEEL.

Sneek. 6 Mei 1496. De vorige zaal op Harinxmahuis.

BOCKE, — FOX, *optredende*

FOX.

Vaarwel, Heer Harinxma; ik ga dees ſtad verlaten
En volgen, naar 't verdrag, mijn Hopliên en Soldaten,
Maar acht het echter plicht, vooraf den afſcheidsgroet
Mijn gaſtheer aan te biên, uit een oprecht gemoed.
Geloof, dat ik u graag het leed had willen ſparen,
Dat van mijn Benden u zoo ſchendig is weêrvaren:
Voed des op mij geen wrok en reik me een vriendenhand.

BOCKE.

'k Vergeef u mijne ramp, — niet, die van 't Vaderland,
Waarin uw wreede liſt de Groninger banieren
Doet wappren en welhaaſt volkomen zegevieren:
Gij toch hebt nu, daar Sneek voor 's Lands tirannen bukt,
Het anker in den ſtorm aan Franeker ontrukt,
En nooit zal 't laatſte alleen hen weêr verdrijven kunnen,
Al zwicht het zelf ook niet! — en 'k zou mijn hand u gunnen?
Neen, Jonker, waan dat niet! ga, juich in onze ellend,
Doch weet, dat Harinxma u en uw ſnoodheid kent,
Zich door geen valſchen ſchijn van deernis laat beguichelen,
En voor een menſch als gij geen vriendſchap ooit zal huichelen.

FOX.

Dat ſmadend onbeſcheid veroorloof ik een man,
Die zich verraden acht en dat niet wreken kan
Gelijk hij 't wenſcht, — en deed, waar' hem zijn macht gebleven;
'k Zoude anders op dien hoon een ſcherper antwoord geven
En waſſchen met uw bloed hem weder van mij af;

Thans zij verachting flechts mijn wraak en uwe ftraf.
Doch neen, ik wil veeleer mij edelmoedig toonen
En u, door 't fchenken van een goeden raad, beloonen
Voor 't gul onthaal, dat ik een tijdlang hier genoot,
En gij, verwerp hem niet, fchoon hem een vijand bood.
't Is, Olderman van Sneek, 't is deze: wees indachtig,
Dat gij en uwe Stad, geen Knechten, u te machtig
In aantal en beleid, weêr inhaalt in dees wal.
Wat eenmaal daarvan u is overkomen, zal
Welhaast de tijdgenoot door heel Europa weten,
En zelfs de nazaat kan en mag het niet vergeten.
Vóór 't handlen, wel 't onoorbre en oorbre van een daad
Te wikken, heeft op aarde al menig mensch gebaat;
Onvoorbedacht en los te handlen daarentegen
Was velen fchaadlijk en gaf nimmer heil of zegen. —
   Vaarwel! De Knechten, die de Groninger u zendt,
Voert Seeftadt aan, finds lang als Veldheer mij bekend; —
   Uit het venfter ziende.
Daar is hij reeds. Hij moge u aangenamer wezen
Dan ik, de wonden, die mijn heer u floeg, genezen,
En zij uw hechtenis in Groningen meer zacht
Dan die gij onlangs leedt en ik voor u verwacht.

                                              Af.

VIERDE TOONEEL.

Bocke, Jan Seestadt, *inkomende terwijl Fox vertrekt;
dien hij, gelijk de laatstgenoemde hem, in
het voorbijgaan groet.*

Seestadt.

Dat, edel Heer, mijn koomst tot voorfpoed ons gedije

En u, en uwe Stad en Burgerfchaar, bevrije
Van verder ongeval, gelijk ik zeker acht
Dat zij zal doen; altoos, wanneer ge uw plicht betracht
En uw gegeven woord onfchendbaar houdt en heilig.
Die onderdrukt werd, fchuilt en leeft na dezen veilig,
Als 't achtbaar Groningen hem met haar fchild bedekt,
En met haar arm verweert, en tot voogdes hem ftrekt, —
Mids hij zich vaardig toon' haar als een zulke te eeren
En weet op d' echten prijs haar weldaân te waardeeren.
Voorshands bezetten wij dees ftad en Slooten meê;
Coert Olgers vestigt daar, als ik te dezer fteê,
Op 't huis des Oldermans, zijn woonplaats; onze Benden
Bewaken poort en wal, om alles af te wenden,
Wat beiden Steden, thans aan ons Verbond verknocht,
't Zij onrust baren, 't zij gevaar berokkenen mocht.
Inmiddels moogt ge u ftraks naar Groningen begeven,
Om uw belofte aldaar in gijfling na te leven,
En zult, op morgen reeds, vroegtijdig, derwaarts gaan.
Ziedaar wat ik vooreerst u zelf moest doen verftaan.
'k Verwacht en gastvrijheid en achting van de Sneekeren,
En durf op mijne beurt van beide ook u verzekeren
Bij onze Meefters, die vergeten zullen, wat
Gij voormaals tegen hen beftaan hebt met uw Stad:
Want hun rechtfchapenheid herdenkt niet aan 't voorleden,
Zoodra een vijand hen als vriend koomt tegentreden,
Hunne oppermacht erkent met ootmoed en berouw,
De wapens wegwerpt, en zich levert aan hun trouw.

BOCKE.

'k Wil alles ondergaan wat bij de Bondgenooten

Werd over Harinxma en zijne ftad befloten;
Ik zal, met mijnen neef en zwager, op het uur:
Dat gij bepalen wilt, vertrekken uit dees muur
Naar Groningen; dees ftins moogt gij als de uwe aanfchouwen.
Vergun flechts ééne zaal aan twee mij dierbre vrouwen
Op 't huis van haren zoon en van haar echtgenoot,
En ftel mijn Sneek der wraak van Juwingha niet bloot.

SEESTADT.

Dat vrij uw moeder hier met uwe gâ vertoeve:
Drie zalen is het all' wat ik voor mij behoeve.
Wat Juwingha betreft, weet, dat, in geen geval,
Hij tegen deze ftad iets ondernemen zal:
Hij immers is als gij aan Groningen verbonden,
En door geen Bondgenoot worde ooit de rust gefchonden
Eens andren Bondgenoots: de billijkheid verbiedt
Zoowel dat als het recht, en wij gedoogen 't niet.
Een algemeenen Vrede aan Friesland te verfchaffen,
En elk, die onrust ftookt, op 't allerftrengst te ftraffen,
Is 't hooge doel van 't Hoofd van heel den Friefchen Staat,
Der oproerkraaiers fchrik, der zwakken toeverlaat.
    Maar 'k wenschte een weinig rust na mijnen tocht te fmaken.

BOCKE.

Reeds heb ik daartoe u een zaal gereed doen maken.
    Hij ftampt, een Knecht verfchijnt.
Rust en verfrisch u; volg dees knaap, Heer Seeftadt, hij
Zal u geleiden, waar ge u veilig vindt, en vrij
Van alles wat uw rust belagen mocht of ftoren.

Seeſtadt volgt den Knecht, na Harinxma even
gegroet te hebben.

Helaas! wat moet ik niet verdragen, zien en hooren?

VIJFDE TOONEEL.

BOCKE, WIJTS.

WIJTS, *door eene zijdeur optredende.*

Zijt gij alleen, mijn Zoon?

BOCKE.

Ja, Moeder, als ge ziet,
Ten ware de achterdocht mijn doen en mij beſpiedt!
Doch wat begeert ge?

WIJTS.

Ik koom, mijn Schoonzoon, u ontdekken,
Dat ik naar Franeker, nog heden, zal vertrekken:
Zoo ras 't mij mooglijk is wensch ik dees ſtad te ontvliên,
Om 't Groninger geſpuis niet voor mijn oog te zien.

BOCKE.

Ik wil, en kan het ook, Schoonmoeder, niet verhinderen.
Nogthans ik vleide mij, dat gij mijn gade en kinderen
Zoudt bijſtaan, nu (helaas!) ik hen verlaten moet.
Doch drage ik met geduld ook dezen tegenſpoed:
Die mij het dierbaarst zijn, vaak heb ik 't ondervonden,
En 'k ondervind het weêr, ſlaan mij de diepſte wonden!

WIJTS.

Wijt dat u zelf-alleen: Wijts maakt ge toch niet wijs,
Dat, waar' 't u ernst geweest, gij niet, tot minder prijs
Dan 't thans u kosten zal, de gelden hadt verkregen,
Benoodigd om een heer, ons niet zoo ongenegen

Als gij het maaldet, weêr voor Goslicks ſtaatsbelang
Te winnen, en het voorts te houden in bedwang,
Totdat het, na 't op Juw ons had doen zegepralen,
Van onze vijanden zijn ſold had mogen halen.
Maar nimmer toondet gij, o Bocke, tot mijn ſmart,
Uw zwager een oprecht hem toegenegen hart,
En echter weet ik niet, waar dat aan toe te ſchrijven.
Het ga u verder wel! ik wil niet langer blijven
Daar 't aan een ſtrijdgenoot en wreker mij ontbreekt,
Daar alles mij van uwe en mijn verneedring ſpreekt,
En zal van mijn gezicht en gramſchap u bevrijden.

Af.

Bocke.

O God, moet ik zoo veel, moet ik zoo gruwzaam lijden?
Den ſpot en hoon van Fox, eens Seeſtadts overmoed,
En 't ongegrond verwijt, dat mij Wijts Juwsma doet? —
Wat dit mijn lichaam leed, waar ik nog ſteeds aan kwijne,
Was niets, was vreugde en lust, bij deze zielepijne!
O Harinxma, zoo groot, gevreesd en machtig, eer,
Wat val is de uwe, en ach! hoe ſmaadlijk kwaamt ge neêr!
De ſter, die aan 't azuur zoo glansrijk ſtond te brallen,
Verloor haar hoogen ſtand en is ter aard gevallen,
En wat er van heur kern nog onvernielbaar ſcheen
Wordt diep in 't ſlijk getrapt en als een worm vertreên!
En u, o Schieringers, alom te zien verneêren,
Vetkoopers, overal uw aanhang triomfeeren,
Dat is 't onlijdelijkst en 't felst mij foltrend nog!
Maar triomfeert, ik haat, verfoei, vervloek u toch,
En, ſchoon ik uit het ſlijk mij nooit weêr op mocht beuren,

Eer zal men mij het hart uit dezen boezem fcheuren,
Vóór ik, al redde 't ons, en met ons heel den Staat,
Mij, met één uwer, ooit of ooit verzoenen laat!
Doch waar verwerf ik hulp, waar rest, bij de ongenade
Van 't lot, mij troost voor 't minst?

ZESDE TOONEEL.

BOCKE, ANSCK.

ANSCK.

Aan 't hart van uwe gade. —

In de armen van uwe Ansck, omgeven van ons kroost,
God aangeroepen! — hier, hier is zij, die u troost
En hooger hulp verwerft: oprechte huwlijksliefde
Heelt elke wond, hoe zwaar ons vriend of vijand griefde,
En onze Vader, Hij, Die in de heemlen is,
Helpt wie Hem aanroept, hoort ook u en mij gewis.
Koom, volg mij dan, mijn Hart, de Wellust mijner dagen.
Wij zullen met elkaâr dees rampfpoed leeren dragen,
En ons herinnren, dat, ook uit het nijpendst kwaad,
Eens, hier of ginds, voor elk het uur der redding flaat;
Dat, als op vreugde leed, verheugen volgt op lijden,
En dat ons God bezoekt, als menfchen ons kastijden.

BOCKE.

Ja, gaan wij, Ansck. — Hoe zeer de nood hem kwelt en prest,
Nog leed hij 't zwaarfte niet, dien zulk een gade rest!

Te zamen af.

VIERDE BEDRIJF.

EERSTE TOONEEL.

Sneek. Mei 1496. Het reventer van het Kruisbroeders-
Klooster. Om eene tafel zĳn, in eenen halven kring, de
navolgende perfonen gezeten, te weten: in het midden;
JOHAN SCHAFFER; *aan zĳne rechterhand,* BERENT COEN-
DERS, *Heer* AGGO, *en eenige andere* ABTEN *en* PRIORS
van Westergoo; aan zĳne linkerhand, LEFFERT, JAN
SEESTADT, JUW *en* TJERCK JUWINGHA, TJERCK WALTHA,
DOITZE BONGA, DOUWE, HARTMAN, *en* OTTO GALAMA,
GERROLT HERAMA, DOUWE, DOECKE TIETES *en* EPE TIE-
TES HETTINGHA, SĲBRANT ROORDA, *nog eenige andere*
VETKOOPERS, *en* JUW BOTNIA.

SCHAFFER.

Wĳ riepen u, eerwaarde en eedle Mannen, zamen,
Opdat wĳ, onderling en eensgezind, beramen,
Hoe ge uit hun hechtenis uwe edelliën bevrĳdt,
Door 't onverwĳld voldoen van 't geen ge ons schuldig zĳt.
Het goud toch, dat door ons den vreemdling werd gegeven,
Opdat we daarmeê hem van uwen grond verdreven,
Heeft immers niet geftrekt ten nut van Sneek-alleen
Of van de Harinxmaas en Donia; o neen!

Geheel uw Westergoo zag van de uitheemſche gasten
En hun moedwilligheid zich door dat goud ontlasten,
En daarom draag' dan ook een ieder uwer bij,
Opdat het Groningen teruggegeven zij.
Die Stad heeft ons, aan haar belang en dienst verbonden;

Eerst op Coenders en zichzelven, dan op Leffert wijzende.

En Leden van heur Raad, en Schrijver, hier gezonden,
Om 't weêr te·vorderen naar recht en billijkheid,
Waar, door het uitſchot-zelf, gij werdt op voorbereid.

Tegen Juw Juwingha, die het naast bij hem zit.

En nu, Heer Juwingha, hoe best ons doel te treffen?

JUWINGHA.

Heer Schaffer, 'k ſta verbaasd en kan geenszins beſeffen,
Dat ik de Knechten van mijn vijand, die zoo lang
Mij kwelden, die hij wierf tot mijnen ondergang,
Daar nog voor danken en beſoldigen zou moeten!
Waant gij me dan verplicht de ſchuld eens neefs te boeten,
Die groende en groeide en bloeide in mijn verdriet en leed?
Dat ik vergelden moet wat hij aan ons misdeed?
Neen, niemand kan noch zal mij immer overreden,
Dat ik tot zulk een doel één penning zou beſteden!
Wat kon die vijand, die het hoofd ſtiet aan mijn ſtad;
Meer van mij vergen, zoo hij mij verwonnen had?
Ik zou tot eigen ſchande — en gij durft me er toe nopen! —
Van mij heeft Groningen in dezen niets te hopen,
Dat door haar vreemden eisch mij hoogst gevoelig krenkt,
En 'k vlei mij dat aldus ook zoon en broeder denkt.

TJERCK WALTHA, oprijzende.

O ja, en andren meer; daar mogen we op vertrouwen.

HARTMAN GALAMA, *evenzoo.*

Het Raadslid ga de ſtins van Galama beſchouwen,
Delve uit haar rookend puin zich Coudums toelage op:
Van mij bekoomt hij niets, al koſtte 't mij den kop!

TJERCK JUWINGHA.

Ik denk gelijk mijn Oom en voeg me bij mijn vader.

DOITZE BONGA.

Ook ik denk zoo.

GERROLT HERAMA.

En ik.

DOUWE GALAMA, *na Otto aangezien te*
hebben, die hem toeknikt.

Wij mede.

DOUWE HETTINGHA, *evenzoo voor de beide*
andere Hettinghaas.

En wij te gader.

SIJBRANT ROORDA.

En hoe de Schieringers, die trotſche Hottinghaas,
En Hesſel Martena, en meê de Decamaas,
En andren denken, die thans niet met ons vergâren,
Kan hunne afwezigheid u 't allerbest verklaren.

JUW BOTNIA.

Zoo is 't: al is de ramp der edelliën ons leed,
Een heer van muiters, dat, verbrekende zijn eed,
Ook onze zaak verried met Jonghamaas belangen,
Zal geen beſoldiging van Schieringers erlangen.

SCHAFFER.

En toch, wat ſtaatsleer gij in uw gemoed belijdt,
Vetkoopers; Schieringers, hebt ge allen, wie ge zijt,

Gewenscht: gij mocht nog eens die muiters zien verjagen,
Wier woestheid en geweld gij immers niet kost dragen!
Gij allen juichtet, toen zij gingen; gij vooral,
Juw Juwingha, bekneld en bevende in uw wal,
Zoo vaak door hen bedreigd, die meê met vreemde Knechten,
En waarlijk niet om niet, uw vijand moest bevechten.

JUWINGHA.

Ik beefde nooit, en die door mij werd ingehaald
Is, door mijn Stad en mij, bevredigd en betaald;
'k Heb van geen vijanden, van Burgren noch van Edelen,
Wat ik verfchuldigd was, behoeven zaâm te bedelen!
Volg' thans de Schieringer, die mijn geleden fchâ
En fmart vergoeden moest, voor 't minst mijn voorbeeld na.

BOTNIA.

Wat durft dat Groningen zoo ftout als haatlijk fpreken?
Hoe 't Westerlaauwers dient is duidelijk gebleken:
Voor 't goud, dat uwe Stad aan Goslicks benden zond,
Kocht zij zich immers Sneek in 't Groninger Verbond,
En — 't geld is goed befteed!

SCHAFFER, tegen Coenders en Seeftadt.

Moet ik die taal gedoogen?

BOTNIA.

Zoo fpreekt een vrije Fries, geen tolk van list en logen.

SCHAFFER.

Wanneer 'k u niet ontzag.....

BOTNIA.

Ontzie mij niet, ook ik
Zal u niet fparen, neen! geen enkel oogenblik!
Koom, dien u van het zwaard, zoo vaak ik u beleedig!

AGGO.

't Gaat, Heeren, 't gaat te hoog; duld dat ik u bevredig',
Of zwijgt en ftaakt althans een nutteloozen twist;
Te meer daar gij het wit, Heer Schaffer, hebt gemist,
Gelijk ik u voorfpelde, en 't nimmer zult befchieten.
Hun wederzijdfche haat groeide onder 't bloedvergieten,
Houdt nimmer op, en kreunt, verbijsterd en verblind
In 't toomloos hollen, zich aan vijand noch aan vrind.
Zij houden flechts zich-zelf voor 't oog en in gedachten;
En weten 't allerminst het heil van allen te achten.
Laat af, gij heelt toch hun gemoedren, reeds te zeer
Verkankerd, door het ftaal van rede en tucht niet meer;
Te veel verouderd is de veete, daar ze aan lijden,
En met haar zoudt gij 't hart hun uit den boezem fnijden;
En gaven dezen ook vermaningen gehoor,
Toch ftelden zij, die niet verfchenen, u te loor;
Gij kunt het nu alreeds uit Botnia bemerken;
Breek dees bijeenkoomst af: zij kan geen vrede werken.

SCHAFFER.

Eerwaarde Deken, ja, het is gelijk gij zegt,
Ik zie het, fchoon met fmart, gij hebt volkomen recht.
Wel dan, gij Heeren, gaat, 't zij ge onze Bondgenooten
U noemt, of niet, vaartwel: dees Landsdag is gefloten.

Tegen Coenders, Leffert, en Seeftadt.

Koomt, volgt me.   *Met hen af.*

JUWINGHA, *tegen de Vetkoopers.*

Gaan wij ook — en tot een heilzaam werk:
Dat eensgezindheid ons tot tegenkanting fterk',
Wen Groningen op nieuw haar meening door wil drijven.

Allen af, uitgezonderd Botnia, en Tjerck, die
door den eerstgemelde teruggehouden wordt.

BOTNIA.

U bid ik, Juwingha, een oogenblik te blijven.

TJERCK.

Wat wilt ge, gij van mij?

BOTNIA.

Het nutloos onderpand
Van eene ónvruchtbre min: dien ring aan uwe hand.

TJERCK.

Het pand der reinste min, dat nooit mij zal begeven?
Het is mijns levens troost, — wat doet er u naar ftreven?

BOTNIA.

't Verfchaft mij eene hand, die gij u nooit verwerft.

TJERCK.

Haar hand? — mifchien! doch nooit haar liefde, die gij derft!

BOTNIA.

Wat raakt dat hem, die haar de zijne niet zal heeten?

TJERCK.

Dat hebt ge reeds gezegd, maar hoe kunt gij het weten?

BOTNIA.

Als bloed- en aanverwant zich tegen d' echt verzet.....

TJERCK.

Dien bloed- noch aanverwant, zoo zij hem wil, belet

BOTNIA.

Maar 's Hemels zegen zal dat huwlijk niet bekroonen.

TJERCK.

Meer dan het menfchen doen, zal Hij zich billijk toonen;
Geen huwlijk wordt bij Hem verworpen of gewraakt,

5

Dewijl een sterfling dat, in blinden hartstocht, laakt;
Elkaâr te kwellen strekk' den menschen tot genoegen,
Hij sluit de wonden, die zij deugd en onschuld sloegen.

BOTNIA.

Nooit voert ge, zeggen niet haar Voogd en Vrienden: ja, —
Wees daar verzekerd van, — haar huiswaarts als uw gâ.

TJERCK.

't Kan zijn, en evenwel wordt nooit de band geschonden,
Die, aan mijn hart-alleen, het hare heeft verbonden,
En 't zuiverst voedsel sterkt en onderhoudt een vlam,
Die haren oorsprong niet uit zinsbegoocheling nam.

BOTNIA.

Sta, Tjerck, mij Foockel af, en vorder tot belooning
All' wat ik geven kan voor zulk een gunstbetooning.

TJERCK.

Ik haar verkoopen! Juw, zoudt gij dat kunnen doen?

BOTNIA.

O neen!

TJERCK.

En op wat grond durft gij 't van mij vermoên?

BOTNIA.

Neen, neen! dat kunt ge niet! — Doch, haar die wij beminnen
In eerelijken kamp door dapperheid te winnen,
Is edel, schoon en goed: des kampen wij om haar.

TJERCK.

Gij kent me en mijnen moed; ik schroom geen lijfsgevaar,
En echter, 'k sla het af: mijn arm, — mijn bloed en leven,
Behooren hem, die me eens het aanzijn heeft gegeven,
En 't lieve Vaderland, dat me elken strijd ontzegt,

Die niet geftreden wordt voor beider heil of recht.
En wat verwierf ik mij, verkortte ik uwe dagen?
Berouw en wroeging! en bezweek ik voor uw flagen,
Wat wont gij-zelf daarmee? haar liefde en hart? o neen,
Aan mijne fchim getrouw, fchonk ze u haar hand-alleen,
Wat zeg ik? neen, ook die zou zij u nimmer gunnen,
Ontzinde Botnia: zou zij die reiken kunnen,
Aan hem die mij vermoordde en haar in mij? die moord
Geleidde haar ten grave, — en naar een beter oord!

BOTNIA.

Zoo moest ze, om u dan, Tjerck, al dat geluk verzaken
Dat zij als gade, als vrouw en moeder, hier kon fmaken,
En fneven als een bloem, die met de zon ontlook,
Maar afvalt en verdort, eer 't licht nog onderdook?
Om u, o ja: want uwe zelfzucht is de reden
Die ongevoelig u en doof maakt voor mijn beden:
Opdat geen ander zou genieten, wat het lot
Aan u geweigerd heeft.....

TJERCK.

Gij fpreekt fteeds van genot!
Hoe heet de booze Geest die u den boezem griefde?
Uw wulpfche drift onteert het voorwerp mijner liefde!
Laat af van haar: ik min, daar gij alleen begeert!

BOTNIA.

Wordt door den kuifchen echt de liefde dan onteerd?
Neen, hij veredelt haar en geeft haar hooger waarde:
De vrouw, en niet de maagd, is 't pronkjuweel der aarde.

Doch mooglijk vreest gij wel, dat ze u om mij verzaakt,
Indien ge van de trouw haar los, en ledig maakt,

*5

En wilt u, door dien dwang, vrijwaren voor 't verliezen
Van 't geen gij derven zoudt, zoo zij vermocht te kiezen!

TJERCK.

Gevoel ik, dat zij nooit mijn gade worden kan, —
Want, dat zij 't worden wil, dat weet ik, dan.....

BOTNIA.

Nu? dan?

TJERCK.

Dan, maar niet eerder, Juw, zult gij dees ring erlangen;
Nog vlei ik me, eens haar hand, gelijk haar hart, te ontfangen:
Eer door den ſtroom des tijds dit jaar verzwolgen is,
Moet zij de mijne zijn, wen ik niet alles mis!
Tot aan dat uur, vaarwel; dit moge u thans genoegen.

Af.

BOTNIA.

Dat tijdſtip moog' mijn moed, of mijn beleid vervroegen,
Of 't geen men toeval en het noodlot heet, en mij
Veellicht meer gunſtig is en beter dient dan zij.

Af.

TWEEDE TOONEEL.

*Franeker. 3 September 1496. Vroeg in den morgen. Zaal
op Hottinghahuis.* GOSLICK JONGHAMA, JARICH *en* HERE
HOTTINGHA, *in geſprek.*

GOSLICK, *tegen Jarich.*

Gij moogt ons inderdaad niet langer tegenſpreken!
Verhinder niet, dat wij naar Haarlem overſteken
En Hertog Albrechts hulp — het koste wat het kost —
Verkrijgen; dat ons Land dus eenmaal word' verloſt
Van 't juk der Groningers, den Schieringer te machtig;

Ontveinzen wij 't ons niet; of is 't nog twijfelachtig,

Dat, zoo geen sterker hand het voor dien smaad behoedt,

Ook Franeker welhaast zich voor hen buigen moet?

En wordt er, buiten haar, wel ééne Stad gevonden

In 't een of 't ander Goo, die niet met hen verbonden

Of door hunne Oversten in boeien is bekneld?

Zijn onze havens niet almede in hun geweld?

Is zelfs het platte Land niet grootendeels bedwongen,

En wordt niet, daaglijks nog, ons dorp of stins ontwrongen?

Wij bieden, wel is waar, nog immer tegenweer,

Maar dat 's het eenige ook; vermogen wij iets meer?

Zeg, konden wij het huis te Harlingen verpletten?

Of zullen we de stins van Hemmema ontzetten,

Die op dit oogenblik door hen belegerd wordt,

En, trots haar gracht en wal, veroverd binnen kort?

Mijne eedle moeder kwijnt te Groningen in banden;

Mijn stad en heerschappij is immer nog in handen

Van Juwingha, die daar met mij en mijne ellend

Den spot drijft en als Heer door ieder wordt erkend;

En Sijtze, en Bocke, en Lou, zien zij hun keetnen slaken?

Aan all' die jammeren wil ik een einde maken,

Wat — ik herhaal 't nog eens — het mij ook kosten moog'!

GOSLICK.

JARICH.

Maar, 't geen u reeds weêrvoer, verliest gij uit het oog;

Gij hebt het eens beproefd, hoe is het u bekomen?

En staat hetzelfde niet u andermaal te schromen?

GOSLICK.

Ik zal voorzichtiger dan eertijds zijn; ik weet

Mij beter dan voorheen te wachten voor een leed,

Dat niet ten tweeden maal mijn huis en mij zal treffen;
Hoe, weet ik zelf nog niet, noch kan 't u doen befeffen,
Maar 'k zal 't; vertrouw er op en ftem in ons befluit.

JARICH.

Maar nog vernam ik niet hoe zich mijn broeder uit.
Spreek, Here, wilt ook gij den Saks ons Land verkoopen?

HERE.

Dat is mijn meening niet, noch, durf ik immers hopen,
Die van mijn zwager.

GOSLICK.

Neen, gewis niet, Here, o neen!
Het Land verkoopen? foei! wij zoeken hulp-alleen.

JARICH.

En zal men Foockel aan haar noodlot overlaten?

HERE.

Misfchien dat haar 't beleid van Botnia kan baten;
Die zich naar Belckum haastte en mooglijk nog haar redt;
Indien niet Doecke-zelf zijn flins en gade ontzet.
Voorts wensch ik meê het juk der Groningers verbroken
Te zien, en Goslick heeft, ook in mijn naam, gefproken.

JARICH.

Zoo ben ik overftemd, wat uw getuigenis
Mij ftaaf' ten allen tijde en waar 't mij noodig is.
Zoo gaat! ik geef het op en dat u God beware.

GOSLICK.

Koom, Here, volg mij dan, opdat ik u verklare.....
Doch wie verhindert ons?

HERE.

't Is Alef Hemmema.

DERDE TOONEEL.

De vorigen, Alef, Hemmema.

JARICH, tegen Hemmema.

Wat voert u hier?

ALEF.

De nood, doch, naar ik vrees, te ſpâ.
Licht is mijns broeders ſtins, terwijl ik ſprak, bezweken.

JARICH.

Gij voerdet er 't bevel, en waarom haar ontweken?

ALEF.

Om, wen 't nog mooglijk is, 't ontzet, dat zij behoeft,
Te vinden, en te zien waar Doecke zwerft of toeft.
Mijn zuster, Bauck, zoo kloek en dapper als rechtſchapen,
Verving haar gade, en toonde, in 't glinſtrend heldenwapen,
Een ongewonen moed, die vaak mij blozen deed,
Wanneer ik op den wal aan hare zijde ſtreed.
Offchoon zij zwanger gaat, zal ze echter 't huis verweren,
Zoolang er Knechten zijn om 's vijands volk te keeren;
En zoo zij zwichten moet en 't opgeeft, zal miſſchien
De vijand hare kunne en heeren ſlaat ontzien,
Doch mij ontzag men niet, mij deed de wraakzucht ſneven.
'k Heb daarom in 't geheim mij van mijn post begeven,
Langs een verholen pad, elk ander onbekend,
En mij het allereerst tot Franeker gewend,
Ook om u beiden van Juw Botnia te groeten,
Dien ik dees morgen, kort bij Aenjum, mocht ontmoeten;
En wien ik dadelijk dat pad heb aangeduid.
Hij kan dus op de ſtins, hoe naauw men ze ook omſluit,
Geraken, en, als ik, haar wederom ontſnellen,

Waarbij, zoo als hij hoopt, hem Foockel zal verzellen.

JARICH.

En uwe zuster niet?

ALEF.

Zij wees 't mij af: »Ik zal"
(Zoo fprak ze, toen ik haar vaarwel zei,) »onzen wal
» Verdedigen, zoolang mij daartoe middlen blijven.
» Mijn vrienden kunnen den beleegraar nog verdrijven;
» En Jarich Hottingha wendt zeker alles aan
» Om ons te redden; ga, doe hem mijn nood verftaan,
» Hij zal zijn nicht en mij den Groninger foldaten,
» Wier wulpfchen aard hij kent, gewis niet overlaten."

JARICH.

Dat zal hij niet, neen Bauck! — zoo hij nog ftrijders vindt —
En 'k wil ze vinden! gij verzel mij, waardig Vrind,
Om haren nood, met kracht, mijn' Knechten voor te dragen.
Tegen Goslick en Here.
En gij, vaart beiden wel, de Hemel doe u flagen.

Met Alef af.

GOSLICK.

Dat zullen wij gewis op de eene of andre wijs.
Koom. — Hoe, gij aarzelt nog?

HERE.

Maar, Goslick, tot wat prijs?

GOSLICK.

Wij willen zien; licht tot een mindren dan wij vreezen.
Slechts zij het onze zorg, niet al te mild te wezen.

VIERDE TOONEEL.

Belckum, ten dage als voren, doch eenigen tijd later.
Eene zaal op Hemmemaſtins. FOOCKEL, *gezeten,* BAUCK
POPPEMA *treedt, met* BOTNIA, *binnen.*

BAUCK.

Tree nader, Botnia; ik breng in uwen nood
U redding, Foockel; vlucht! eer ons gevaar vergroot;
Eer 't huis veellicht bezwijkt, daar ons van twintig Knechten
De helft niet overblijft om op den wal te vechten
En, weêr de vijand zich tot ſtormen toont geréed,
Hoe vaak hij 't vruchtloos waagde en wat verlies hij leed.

BOTNIA, *tegen Foockel.*

Ja, laat mij, Jonkvrouw, u aan ſchande en ſmaad onttrekken:
Hier nog te toeven, kan ſlechts u tot onheil ſtrekken
En redt de groote vrouw, die ik bewonder, niet.

FOOCKEL, *na eenige overdenking.*

Ik wil 't beproeven, Bauck, wanneer gij met ons vliedt.

BAUCK.

Wie, ik? ik ben verplicht het leven zelfs te wagen,
Zoolang 't vijandlijk heer kan worden afgeſlagen,
Zoolang hier iemand nog één wapen voeren kan:
Ik zwoer een duren eed, den Hemel, en mijn man;
Die wel dees ſtins verliet, maar dien ik mag vertrouwen
Na weinig dagen tijds weêr op zijn erf te aanſchouwen,
Wiens plaats ik nu vervul, wiens goed ik thans bewaar;
Voor wiens belang God-zelf mij voorſchrijft, elk gevaar
Te tarten, en wiens toorn en haat ik had te duchten,
Zoo ik het wagen dorst met u zijn ſtins te ontvluchten.

VIJFDE TOONEEL.

De vorigen, een Knecht.

De Knecht.

De vijand, Edelvrouw, trekt op het bolwerk aan;
't Is tijd, en meer dan tijd, hem ras te keer te gaan.

Bauck.

Tegen den Knecht.

Ik koom. —   *Knecht af.*

Tegen Foockel.

          Ik wilde u reeds met Alef doen ontfnappen,
Maar duchtte toen, dat u de vijand mocht betrappen;
Thans, nu de ftorm geheel hem bezig houden zal,
Verlaat gij, Hartsvriendin, met min gevaars dees wal
En wordt ge niet befpeurd: ja, volg dees held, mijn zegen
En beên verzellen u, mijn Dierbre, op alle uw wegen.
Ombels uw Banck nog eens: wie weet, hoe lang 't misfchien
Zal duren, eer — of we ooit elkander wederzien.

Gerucht van binnen.   *In 't vertrekken.*

Vaar..... 'k hoor het krijgsgerucht! Getrouwen! op de wallen!

                                                        Af.

Botnia.

Die, met dees laatften ftorm, voor hun beftrijders vallen!
Des volg me, en onverwijld.....

Foockel.

          Laat nog me een korte poos.....

Botnia.

Ik bid u, Jonkvrouw, neem! dat ik niet vruchteloos.....

Knielende.

Om Godswil! red u, koom en wil mijn fmeeken hooren:

Hier wordt in éénen ftond een ganfche dag verloren!
Vertrouw u aan mijn arm, aan 't hart dat u bemint,
Aan hem, dien, aan uw zij, geen vijand overwint!

FOOCKEL.

Welaan, zoo zij het dan! *Reikt hem de hand.*

BOTNIA.

Gij beeft? wat doet u vreezen?
Nog eens, waar 't Foockel geldt, zal 'k onverwinlijk wezen.

VIJFDE BEDRIJF.

EERSTE TOONEEL.

Bij Franeker. In October 1496. In den morgen. Een vertrek in eene geringe herberg. FEICKE GEERTS *en vier andere* BOEREN *zitten met elkander aan eene tafel te drinken. Bij de tapkast ftaat* SIPCKE WIJBES, *de waard.*

FEICKE.

Nog een pint biers, Sipckeman, 't moge er nu eens op ftaan: ik hoop het van de Groningers terug te halen.

SIPCKE.

Als het u gelieft. — Maar wat hebt gij dan tegen de Groningers en wat wilt gij van hen?

FEICKE.

Wat ik tegen de Groningers heb? hoe kunt gij dat nu vragen! Kwellen zij dan niet gansch Friesland op de ongehoordfte wijze? Hebben zij niet, nog maar vóór weinige dagen, Hemmemaftins veroverd en de Edelvrouw, niettegenftaande haren hoogen rang en vergevorderde zwangerfchap, in ketenen geflagen en gevankelijk naar Groningen gevoerd? Hebben zij niet ter Horne aangevallen, ingenomen, en vernield, alleen omdat de Knechten van Hesfel Martena hun den doortocht naar Pingjum, waar zij op de ftins van

Beyem wilden losgaan, zochten te beletten? hebben zij toen niet tevens mij van alles beroofd, mij naakt uitgeschud, en mij het huis boven het hoofd in brand gestoken? Hebben zij niet, bij Vrouwenkloofter, den armen jonge, die hun goed Bergumerbier te drinken gaf, dat die kluinkoppen niet lusten, mishandeld, en, toen hij daartegen wat inbracht, hem, in de kerk en vóór het hoog altaar, wreedaardig van kant geholpen? Heeft hun Bevelhebber Seeftadt niet, bij zijnen mislukten aanflag op Franeker, twee gevangenen, tegen allen krijgsgebruik en krijgsrecht aan, doen ombrengen, zonder hun te vergunnen zich te loffen, omdat zijn vriend Braadt, de óverwonnen bastaard van den Koning van Denemarken, in het gevecht eerlijk verflagen was? Ontzien zij kraamkamers of kerken, die voorheen den vluchteling veiligheid verfchaften of hem altoos zijn leven waarborgden? — Zie, dat alles, en nog meer, wil ik wreken en hun betaald zetten, en daartoe heb ik mij met deze mijne Buren vereenigd. Dood en verderf den Groningers en allen die hun aanhangen!

De andere BOEREN.

Ja, dood en verderf! (*Zij klinken en drinken.*)

FEICKE.

En den Vetkoopers!

BOEREN.

Weg met hen! (*Als voren.*)

SIPCKE, *tegen Feicke.*

Doch ware het niet beter, dat gij weder uwe woning opbouwdet en het boeren bij de hand naamt?

FRICKE.

Hoe zou ik dat kunnen? Ik heb niets meer dan dit zwaard.
En al konde ik het ook, ik zou maar het mijne al wederom
verliezen, en zij zonden mij op nieuw plunderen en berooven en mij en vrouw en kind mishandelen. Men dwingt ons,
in den krijg fortuin, of immers levensonderhoud te zoeken.
Wij kunnen geenen vrede houden: want men wil ons niet
met vrede laten. Welnu dan, er op los! sneuvelen wij, dan
zijn wij toch flechts van onze aardfche ellende en van alle de
jammeren dezes levens bevrijd, en, wat ons elders ook bejegenen moge, het kan ons nergens minder gaan dan het
ons thans in Friesland gaat. Waarachtig ik zou de fpade
niet tegen het zwaard verwisfeld hebben, hadden die beulen
van Westergoo mij daartoe niet gedwongen; dat weet de
Hemel!

SIPCKE.

Maar gij woont nu in Franeker?

FRICKE.

Ja.

SIPCKE.

Waarom zijt ge dan hier.

FRICKE.

Om wat te verdienen.

SIPCKE.

Waarmeê dan? ik weet niet.....

FRICKE.

Maar gij weet, dat Heine Wiel door de Groningers tot
Slotvoogd op het nieuwe, door hem te Harlingen gebouwde
Blokhuis is aangefteld geworden? niet waar?

SIPCKE.

Ja, in plaats van Thijs Potters, die niet goed (*) tegen de zeelucht kon.

FRICKE.

Juist. Nu heb ik vernomen, dat Heine Wisl heden te Leeuwarden zijn en hier voorbijkomen moet, en nu willen wij eens zien, of wij aan hem ook eene goede vangst kunnen doen!

SIPCKE.

Dat je de..... maar hij zal niet alleen reizen.

FRICKE.

En wij zijn met ons vijven!

SIPCKE.

En hoe weet gij, wanneer hij hier langs komen zal?

FRICKE.

Ik heb mijnen zeventienjarigen Geert op een goeden ruin hem te gemoet gezonden. De jonge kent hem en moet, zoodra hij hem ontdekt, omkeeren, fpoorflags herwaarts rijden en ons waarfchuwen.

SIPCKE.

Zoo, zoo! — Maar gij moest liever op eenigen affland van mijne woning..... Nu, wordt maar niet boos! — want zie, ik tap voor vriend en vijand en mag het met niemand verkerven.

FRICKE.

Dat is: nooit te veel op den kerfftok zetten? — Wel, wel! dat heet ik een eerlijken waard!

(*) *Hij fpreekt de woorden:* niet goed, *op zijn Groningersch:* nijt goud, *uit.*

SIPCKE.

Loop! gij weet wel hoe ik het meen. Ik ben immers een Schieringer in mijn hart; ja dat ben ik! maar —

FEICKE.

Wees gerust, ik wil u niet in ongelegenheid brengen! (*Tegen zijne makkers.*) Koomt, nog eens gedronken! (*Zij drinken.*) Doch hoor ik daar niet een paard?

SIPCKE, *ziet door het venfter.*

Dat 's Geert! Hij ftijgt af en fchijnt haastig gereden te hebben: de ruin fnuift en dampt!

FEICKE.

Een goed teeken! (*Staat op.*) Nu, waar blijft de jonge?

SIPCKE.

Daâr is hij.

TWEEDE TOONEEL.

DE VORIGEN, GEERT FEICKES.

GEERT.

Vader! hij koomt!

FEICKE.

Alleen?

GEERT.

Met vijf Ruiters, allen te paard en wel gewapend! Gij zijt ook vijf, en ik ben de zesde!

FEICKE.

Braaf, Jonge! Mannen, houdt u thans dapper en toont dat ge Friezen, dat ge Schieringers zijt! Te paard en naar het boschje, dat een vierde uurs van hier aan den grooten weg ligt. Daar fcharen wij ons achter en vallen hem in het voorbijrijden aan. Moed en beleid!

De ANDEREN.

Wij volgen u.

FEICKE, *tegen Sipcke.*

Een kroes voor Geert! (*Sipcke brengt eenen kroes,
·Feicke fchenkt allen in en werpt geld op de tafel.*) Daar
is het gelag! (*Tegen Geert.*) Jonge, gij zijt waardig met
mannen te drinken! Stoot aan! (*Allen ftooten aan en
drinken.*) Nu voorwaarts!

De ANDEREN.

Voorwaarts! hoezee!

SIPCKE.

Goede reis en goed geluk, Broeders! (*Feicke met de
zijnen af.*) Den Hemel zij dank! een vierde uurs verder! —
Niemand mag weten, dat zij heden hier geweest zijn, bij
lijve niet! — Zoo het wijf maar zwijgen kan! — Vrouw,
vrouw! waar zit gij? *Af.*

DERDE TOONEEL.

*Franeker. 3 October 1496. Tegen den avond. De groote
zaal op Hottinghahuis.* TJETS HARINXMA *en* FOOCKEL
HOTTINGHA *treden op.*

TJETS.

Neen, ik vergat u niet! Zooras ik had verftaan,
Dat gij den Groningers gelukkig waart ontgaan,
Befloot ik, mij terug naar Franeker te fpoeden,
'T geen, om te Wommels huis en erf, en kroost, te hoeden,
Door mij verlaten werd, mijn Kind, op d' eigen dag,
Die u voor Botnia naar Belckum vlieden zag.
Hij dan, hij redde u?

6

FOOCKEL.

    Hij, en met gevaar zijns levens;
'k Erken het overluid, maar 't valt mij fmartlijk tevens:
'k Had liever zooveel niet te danken, aan den man,
Dien 'k nooit, naar hij 't verdient en wenscht, vergelden kan.

TJETS.

Niet op dit oogenblik, maar licht in later dagen. —
Doch hoe gelukte 't hem in zijn ontwerp te flagen?
Ik wensch 't verhaal daarvan te hooren uit uw mond.

FOOCKEL.

Terwijl de vijand weêr een florm zich onderwond,
Verlieten wij de ftins, die in hun hand moest vallen.
Een naauwe en duiftre gang liep, onder hare wallen
En diepe grachten door, tot in het open veld,
Waar eenig kreupelhout, om d' uitgang heengefteld,
Ons dekte voor elks oog, toen wij het licht herzagen.
Wij toefden daar een poos, doch moesten eindlijk wagen,
(Ik fiddrend, Botnia de hand aan 't zijdgeweer,)
Het voetpad in te flaan, 'twelk, achter 's vijands heer
En legerhutten om, naar Aenjum ons zou leiden,
Waar knechten en gefpan in 't kloofter ons verbeidden.
Naauw echter hadden wij een korte ftreek gegaan,
Wanneer een Ruiterdrom ons toeriep, flil te ftaan.
Wat konden we anders doen, dan hun gehoor verleenen,
Die Groningers, en Juw noch mij te kennen fchenen?
Wij vonden ons alzoo ook fpoedig in hun macht.
» Uw namen," (vroeg er een,) » wat wilt gij, en wat bracht
» U hier? geeft antwoord, ras, of moet ons ftaal 't u leeren?"
» » Ik zal" " (fprak Botnia) » » voldoen aan uw begeeren.

»»Ik ben toevallig hier, van adel, en Soldaat;

»»Deze is mijn bruid, die ik me niet ontnemen laat,

»»Maar wel in veiligheid naar Franeker zal brengen,

»»En 'k hoop, en eisch van u, dat gij het zult gehengen,

»»Zoo ge immers eerelijke en echte Krijgers zijt,

»»Die niet mishandelen wie tegen hen niet strijdt.

»»Bedrieg ik daarin mij en waagt ge 't haar te honen,

»»Aan haar de hand te slaan, dan zal dees kling u toonen,

»»Wat nog mijn arm vermag, en menig uwer zal

»»Mij kennen tot zijn smart, mij vóórgaan, eer ik val.

»»Doch, zoo een uwer ons naar Aenjum wil verzellen,

»»Zal ik hem te uwer bate een losprijs toe doen tellen

»»Voor mijne bruid en mij, naar beider rang en staat,

»»Die uw verwachting en uw hoop te boven gaat,

»»En, onverlet van ons, zal hij hem herwaarts dragen.

»»Nu, Mannen, kiest, maar ras, wat meer u kan behagen,

»»Wat gij voor beter en u meest voordeelig houdt:

»»Of, wonden, zonder winst, of, zonder wonden, goud?"»

Zoo Juw. Zijn schittrend zwaard, nu aan de schede onttogen,

Was duister bij den gloed die vonkelde uit zijne oogen,

En van een hemelsch licht scheen hoofd en hals omstraald.

Zoo denk ik d' Engel mij, op de aarde neêrgedaald,

Om 't eerste menschenpaar, na 't schendig overtreden

Van Gods volmaakt gebod, te drijven uit hun Eden;

Of een der twee, wier zwaard Heliodorus sloeg

En in Jeruzalem uit Isrels tempel joeg,

Zoodra hij wagen dorst, met zijne onreine handen

Den godgewijden schat vermetel aan te randen.

De vijand stond verbaasd en had geen twijfel meer.

* 6

» Gelijk gij hebt gezegd, gefchiede 't, edel Heer,"
Sprak ftraks het Opperhoofd en liet ons vrij vertrekken.

Behoef ik u iets meer te melden of te ontdekken?
Jaw deed zijn woord geftand, en aan zijn moed, en goud,
En welberadenheid, dankt Foockel haar behoud.

VIERDE TOONEEL.

De vorigen, JARICH, *haastig optredende.*

JARICH.

Vernaamt gij ons geluk, of bleef 't u nog verborgen?
Tegen Tjets.
Mijn broeder (uw gemaal) en Goslick zijn, dees morgen,
Met Jonker Fox en 't heer van Albrecht, aan ons ftrand
Verfchenen en niet verr' van Harlingen geland.
De Groninger heeft weêr- noch tegenftand geboden
En is in aller ijl naar Leeuwarden ontvloden,
Terwijl hij zijn gefchut, en alles, wat hij niet
Met handen dragen kon, ten buit ons overliet.
Nu juicht, viert feest en juicht! Reeds naadren ze onze muren!
Verhengt u, Zuster, Nicht! 'k Wacht, binnen weinige uren,
Hen hier; 'k zeg andermaal, verhengt u nevens mij:
Wij worden weder als voor dezen Friesch en Vrij, —
Ten minfte als Goslick.... Neen! laat niets mijn blijdfchap ftoren!
Maar Epo Aijlva! hoe, wat zal ons die doen hooren?

VIJFDE TOONEEL.

De vorigen, EPE AIJLVA.

JARICH, *tegen Epe.*

Weet gij, dat de onzen?

EPE.

Ja, reeds werd het mij verhaald,
En daarom juist heb ik geen oogenblik gedraald
Met van Witmarfum mij te wenden tot mijn vrinden;
Doch 'k meende Goslick reeds bij hen te zullen vinden. —
Zoo nadert toch het uur, waarin, fchoon veel te fpâ,
De goddelijke wraak den valfchen Juwingha
En die hem huldigen, door ons, zal achterhalen,
Hem (hoop ik) met zijn bloed zijn gruwlen doen betalen!
Hier ben ik, om haar meê te dienen; 'k moet den brand
Mijns ouderlijken flots, ontftoken door zijn hand,
En onze nederlaag bij Achlum, daar we weken
En voor zijn benden en de Groningers bezweken,
Schoon overwinnaars van zijn broeder, die nog pâs
Van vóór Sjoert Beyems ftins door ons verdreven was
En naauw ons zwaard ontreed, hem immers nog vergelden,
En 'k zal.....

TJETS.

'k Verneem gerucht!

JARICH, *uitziende.*

Daar komen ze, onze helden,
En zelfs nog rasfer dan ik meende en hopen dorst!

ZESDE TOONEEL.

DE VORIGEN, — FOX, GOSLICK, HERE, *onder een luid
gejuich van 't Volk buitenshuis optredende,* BOTNIA.

JARICH.

Weest welkoom!

TJETS, *Here omarmende.*

Mijn Gemaal, druk weder me aan uw borst!

HERE.

Mijn Teêrbeminde, ja!

JARICH, *tegen Fox.*

Zet, Jonker, zet u neder.

FOX, *zonder zich te zetten.*

Gij Eedlen, zijt gegroet.

GOSLICK, *tegen Jarich.*

Gij ziet ons vrolijk weder :

Want Hertog Albrecht heeft, ten onmiskenbaar blijk
Van zijn meêwaardigheid om 't gruwzaam ongelijk,
Van vriend en nagebuur ons Westergoo bejegend,
Zijn heer ons afgeftaan, — hij worde er voor gezegend! —
Geheel belangeloos.

FOX, *tegen Jarich.*

Zoo is hij, fteeds de vriend
Van wie mishandeld wordt en zijne gunst verdient.

GOSLICK, *vervolgende.*

Hij bood zijn heer ons aan., en zonder me iets te vergen,
Dat ik mijn' vrienden zou behoeven te verbergen.
De goedren flechts van hen, die, hunnen Heer ontrouw,
Hem dreven uit zijn erf ten wil van Tjerck en Juw,
Verftrekken, wen dat heer me in mijn gebied en woning
Herfteld heeft, zijner deugd ter eenige belooning.
De Vorst vraagt niets voor zich.

FOX.

En die herftelling mag
Men niet vertragen, zelfs niet éénen enklen dag.

Wij ſmaken ſpijs noch drank, noch ruſt, voordat de wallen
Van Bolsward — luidt onze eed — vóór Goslick zijn gevallen
En Juw is afgeſtreên; dus, voort weêr, laat ons gaan!

GOSLICK.

Ja, rukken wij terſtond in ſtilte op Bolsward aan!

ERS, tegen Goslick.

En ik verzel u, 'k volg, met all' mijn Onderzaten.

JARICH.

Ook Franeker: ook ik zal Goslick niet verlaten.

Fox, Goslick, de Hottinghaas, en Epe af.
Botnia wil hen volgen.

FOOCKEL.

Juw Botnia, één woord!

BOTNIA.

Één, Jonkvrouw, en niet meer;
Één enkel: dat ook ik hen naſtreef', eiſcht mijne eer.

FOOCKEL.

Ik houde u niet terug, ga, ſtrijd en word verwinnaar,
Doch, edelmoedig Held, ſpaar uwen medeminnaar:
Al bracht ge mij den ring, zoo gij hem ſneven doet.....

BOTNIA.

Wees daaromtrent geruſt; ik dorst niet naar zijn bloed;
Bij mijner oudren ſchim, ik zal 't ook nu niet plengen!
Wat Foockel vordert, zal haar Botnia volbrengen;
Een wenk is hem genoeg en ſtrekt hem ten gebod,
Weêrſtreeft het niet zijn plicht, gedoogt het voorts het lot.

Af.

TJETS.

En zulk een jongling zóu uw afkeer nooit verwinnen?

FOOCKEL.

Tjerck heeft mijn trouw, maar.....ja, ik konde ook hem beminnen.

Beiden af.

ZEVENDE TOONEEL.

Bolsward. Een dag later, vroeg in den morgen. Vertrek
op het Muntmeeftershuis. Krijgsgerucht achter het too-
neel; hetzelve vermindert echter allengs; GOSLICK en
EPE treden, gevolgd door eenige KNECHTEN, fchielijk op

GOSLICK.

Wij triomfeeren, doch de zege is niet volmaakt,
En mijn verbolgen hart, dat fteeds van gramfchap blaakt,
Zoolang de booswicht, die zoo vaak ons heeft beleedigd,
Niet aan mijn voeten ligt, o Aijlva, onbevredigd!
Wie levert hem mij uit? waar is hij? hoe ontdekt
Mijn wraakzucht hem? dit huis heeft immers hem verftrekt
Tot woning? en niet hier!

EPE.

En, valt hij u in handen,

Wat dan?

GOSLICK.

Verfmaad, verneêrd, verfmachte hij in banden;
In 't aakligst kerkerhol, waarin hij alles derf'
Wat zijn verdriet verzachte of mindre!

EPE.

Neen — hij fterf'!.

Gevangen, blijft hem hoop!

GOSLICK.

't Is waar.

EPE.

Hij mag niet leven!

GOSLICK.

Maar kan ik?

EPE.

Kunt gij 't niet, welaan, ik doe hem sneven.
Belet het u de dwang der bloedverwantschap, mij
Legt zij geen kluisters aan, ik ben in alles vrij,
En, wederhoudt u nog een kinderlijk vooroordeel,
Zoo past het Epes dolk te handlen in uw voordeel.

ACHTSTE TOONEEL.

DE VORIGEN, HERE.

HERE.

Hij is gevangen!

GOSLICK.

Juw?

HERE.

Wie anders dan uw neef,
Die, tot het laatste toe, zich weerde en kampen bleef. —
Reeds vóór het morgenlicht gerezen, en gedompeld
In diep gepeins, terwijl dees stad werd overrompeld,
Ontfing hij van die ramp een al te laat bericht.
Toch deed hij wat hij mocht en kweet zich van zijn plicht;
Als Heerschap en Soldaat, totdat hij zich, gegrepen
Door drie der onzen, zag ontwaapnen, voelde slepen
En sleuren, als een guit, dien men ter strafplaats voert. —
Van stof en zweet en bloed begruisd, en fel ontroerd,
Verzuchtte hij: »waarheen?" »» Naar Jonghama, den Veldheer,

»»Uw neef,"" was 't antwoord; toen, toen bleef de held geen held meer

En nam, ontredderd door zijn hulpeloozen ftaat,

Tot list zijn toevlucht en de veinzerij te baat.

» De prijs" (zoo fprak hij) » dien u Goslick voor mijn leven,

» Dewijl ge toch me aan hem verraden wilt, zal geven,

» Koomt ook uw' makkers toe. en luttel wordt uw deel:

» Laat mij ontfnappen, dan verwerft gij dien geheel.

» Verbergt me voor een wijl; ras wordt men 't zoeken moede,

» O Mannen, én gij kunt, zoodra flechts de eerfte woede

» Van deeз orkaan zich legt, men feesthoudt, zwiert en brast,

» En op eens anders doen en laten minder past,

» Aan uw gevangne ftraks de vrijheid doen erlangen,

» Nadat gij eerst van hem zijn weergeld hebt ontfangen."

    Der Knechten gierigheid nam zulk een voorflag aan,

Dien me echter één van hen zoo daadlijk heeft verraân;

Opdat ge aan hem alleen den bloedprijs uit zoudt tellen.

Ik weet waar Juw vertoeft, des laat ons tot hem fnellen,

En doe, wat u behaagt en gij voordeeligst vindt.

                    GOSLICK.

Ga vóór, ik volg.

                    ERE.

            Maar dat ons 't meelij niet verblind'!

                        Te zamen af.

NEGENDE TOONEEL.

Bij Bolsward. Eenige uren later. Een vertrek in eene
boerenwoning. TJERCK, *gezeten,* BOTNIA, *treedt in.*

                    TJERCK.

Gij hier? zoo weet men reeds waarheen ik mocht ontvluchten!

BOTNIA.

Doch daarvan ftaat u, Tjerek, geen 't minst gevaar te duchten,
Neen, Goslick geeft voor u der infpraak van het recht
Gehoor en heeft me ftraks uw leven toegezegd;
Gij kunt in Bolsward zelfs u onbefchroomd vertoonen.

TJERCK.

Hoe kan ik voor dees dienst naar waarde u ooit beloonen?

BOTNIA.

Gij kost het zeker, Tjerck, doch zwijgen wij daarvan.
Ken echter heel uw leed en draag het als een man.
Uw goedren zijn verbeurd, al 't uwe is u benomen
En voortaan zijt gij arm. —

TJERCK.

    Heb ik nog meer te fchromen?

BOTNIA.

Ja, gij verloort nog meer en wat u waarder is.

TJERCK.

Mijn vader? God! gij doelt, gij doelt op hem gewis!
Hij is gefneuveld!

BOTNIA.

    Ja! Wil geen verhaal mij vergen.....

TJERCK.

Wie deed hem vallen? — nu?

BOTNIA.

     Ach, laat mij 't u verbergen;
Vergeten wij een feit, waar ik van ijs en gruw.

TJERCK.

'k Verneem het eenmaal toch en hoor het liefst van u.

BOTNIA.

O waarom wilt ge zulks? ik kwam u flechts ontvouwen;
Dat, tot mijn vreugde, ik u het leven mocht behouên,
Doch ook maar dat-alleen, hoewel ik meer beftond
En Here en Jarich zelfs niet onbarmhartig vond.
Doch, daar gij 't eischt, welaan. — Uw vader ware ontkomen,
Zoo niet zijn wreede neef zijn fchuilplaats had vernomen.
Hij fnelde derwaarts, door zijn dollen haat bezield.
't Was een geringe hut, waar Juw zich in onthield,
En kalm vóór Goslick ftond, en antwoordde op diens vragen,
Met ftille deftigheid; hem vroeg zijn welbehagen,
En God ten waarborg nam, dat hij van verdren ftrijd
Wilde afzien en dit Land verlaten voor altijd.
Maar Goslick kon zijn woede en wraakzucht niet verkroppen;
Zij fchenen hem en keel en longen toe te ftoppen:
Hij wilde fpreken, doch een dof en heesch geluid-
Alleen verried zijn wil en borst ten gorgel uit.
Zoo ftond uw vader daar, een ftil en duldend zwijger,
Het lam, dat d' aanval wacht van d' afgevasten tijger,
Die lang het zocht in 't woud, en, als hij 't eindlijk vindt,
Zijn prooi, eer hij ze grijpt, reeds met zijn blik verflindt.
In 't eind riep Aijlva uit: »wat ftaan wij hier als kinderen!"
En trok zijn dolk, en griefde, eer 't iemand kon verhinderen,
Uw vader in het hoofd; dees keerde 't gudfend bloed
Met de opgeheven hand; toen vond ook Goslick moed
Om toe te flaan, — wen ooit, o Goslick, moed mag heeten
Uw blinde razernij, die immer op 't geweten
U branden zal en eens u 't fterven moeilijk maakt, —
Uw moordlust, die de ftem hier in ons binnenst wraakt,

En gij bezwangerd hebt met vruchtloos naberouwen! —
Ik zag hem Juwingha den arm van 't lichaam houwen!
Toen trok ook Epe 't zwaard en ftootte 't, keer op keer,
In 't hart zijns vijands, tot.....

TJERCK.

Stil, Botnia, niet meer!
Hijëenen, kon dan niets u derenis verwekken!

BOTNIA.

Doch — 't moog' ter teugeling van uwe wanhoop ftrekken! —
Uw oom, Tjerck Waltha, leeft, en, wat ook Goslick bood,
Veellicht, opdat hij hem meé brengen mocht ter dood,
Vergeefs: de vreemdling wil en Tjerck en Roorda fparen,
Hij blijft voor Goslick ben verbergen, en verklaren:
Dat zij, wanneer het heer naar Holland wederkeert,
Het volgen zullen. — Tjerck, bedwing uw fmart; mij deert

Hem de hand drukkende.

Uw onheil inderdaad; dat ik het kon verzachten
En meerder voor u had dan medelij en klachten!

TJERCK.

O ja, gij lijdt als ik, ik zie het! Welk een dag!
Wat dag was hem gelijk? — Geliefde Foockel! ach,
Nu voel ik, dat ik nooit uw echtgenoot kan wezen,
Dat ge armoé, kommer en ellende, altijd te vreezen,
En nooit één vreugdrijk uur met mij te hopen hadt!
Maar wederkeeren? ik? in Bolsward, in een ftad,
Waar me alles van zijn dood, die 'k immers niet mag wreken,
Van mijn vervlogen jeugd, van mijnen vader fpreken,
En me onophoudelijk zou foltren? nimmermeer!
Dat ik in eenzaamheid moog' treuren, weene, en leer'.

Mijn vijand zeegnen; niets verlang ik meer van de aarde.

Een kloofter berg me, ik torfche er 't aanzijn, zonder waarde

Voortaan voor mij, totdat de dood d' ellendeling

Verlosfe, die..... mijn Vriend, mijn Broeder, neem den ring:

Gij hebt op Foockels hand, en hart, u recht verworven,

Leef gij, tot heur geluk, ik ben voor haar geftorven!

Overhandigt hem den ring en fnelt heen. Botnia volgt hem.

TIENDE en LAATSTE TOONEEL.

Sneek. In Julij 1497. Groote zaal op Harinxmahuis. Bocke treedt, verzeld van zijne gade en van zijne zuster Catharina, en gevolgd door eenige Knechten en door Jan Kanneken, die zich aan zijne linkerhand houdt, binnen, onder het luiden der klokken en het gejuich aer menigte van buiten. In de zaal, welke met groen en bloemen verfierd is, bevinden zich Goslick Jonghama, met zijne moeder Wijts, Jarich en Here Hottingha, Juw Botnia, Doecke Tietes, Alef en Bauck Hemmema, Epe Aijlva, en nog eenige andere Schieringer Edelen. Allen gaan hem te gemoet, de mannen bieden hem de hand, de vrouwen de wang te kusfen. Als allen om hem en zijne gade en zuster, en Jan Kanneken, eenen kring gevormd hebben, treedt Jarich vóór en begint te fpreken.

JARICH.

Heil, heil u, Harinxma! uw wederkoomst-alleen

Was, 't geen dit Goo en ons alsnog te ontbreken fcheen. —

Nadat men Bolsward zag van Juwingha bevrijden,
En zich 't uitheemfche heer aan aller nut kon wijden,
Werd, heinde en verr', 't verbond met Groningen verzaakt
En van haar tirannij dees Landftreek vrij gemaakt.
De flins van Hemmema werd allereerst herwonnen.
Daarna 't beleg van 't huis te Harlingen begonnen
En glorierijk voleind, terwijl uw fiere ftad
Inmiddels Slooten reeds voor ons vermeefterd had.
Toen gold het Taeckezijl, dat, lang en fel befchoten,
Ten laatfte werd ontruimd voor onze Bondgenooten,
Die, toen hun bijftand hier niet langer werd begeerd,
In vriendfchap fcheidden en naar Holland zijn gekeerd.
Ook hebben we onderling een nieuwen vreê bezegeld,
't Gebreklijk Landsbeftuur op juister voet geregeld,
Verzoening aangeboôn, aan ieder, die 't verlangt,
En Westergoo ontvlood, maar 't zijne weêr ontfangt,
Zoo 't nog' voorhanden is, als hij terug wil keeren. —
Wij zwoeren, ons niet meer tot buitenlandfche Heeren
Te wenden, fchoon op nieuw het oorlogsvuur ontftak
En iemands onbefcheid den verfchen vreê verbrak.

   Hoe zal nu 't ganfche Land herleven en herbloeien!

   Op Wijts en daarna op Bauck wijzende.

   Zie ook uw moeder hier: verbroken zijn haar boeien, —
Met die der fiere vrouw, wier moed en krijgsbeleid
De Nazaat eeuwig roem', — door onze dapperheid,
Die geen gewenschter fchat dan dees, door 't zegepralen
Op Tjalling Lieuwes en zijn Benden, kon behalen,
En gaarne aan hem, voor haar, de vrijheid wedergaf.

   Doch gij, hoe fchuddet gij uws vijands banden af?

BOCKE, *Jan Kanneken bij de hand*
nemende en hem zijnen vrien-
den voorstellende.

Door hem, die Sneek verliet, om, door gebeên en tranen,
Tot mij in mijne ellend den toegang zich te banen,
Toen, tegen 't geen men toch zoo plechtig had beloofd,
Door Groningen mij ook de vrijheid werd ontroofd, —
Toen mij, in haren burg in ketenen geklonken,
De hoop op redding was met allen moed ontzonken, —
Toen trad deze Ambachtsman, mijn onderdaan weleer,
Gelijk een Engel Gods tot zijn rampzaalgen Heer,
En zijn bemoediging hergaf dien deugd en krachten.
Hij sleet, niet dagen slechts, maar vaak geheele nachten,
Bij zijnen vriend, in 't hol des jammers en der smart.
Hij deelde mijne koets, zijn hart klopte aan mijn hart,
Zijn hand omgreep dees hand, om meê 't gewicht te dragen
Der ijsren keetnen, waar de mijne in was geslagen,
Die hij zoolang betastte en onderzocht, totdat —
Hij 't middel, dat ze brak, en uitdacht en bezat!
Nadat ze door zijn list, beleid, en kunst, bezweken,
Gelukte 't ons, te zaâm ten kerker uit te breken,
En af te dalen bij het bolwerk, dat ons bracht
Aan zeekre ondiepe plaats, die in de stedegracht
Zijn lijf had uitgevorscht, om mij er door te slepen,
Bij 't koord, dat hem omgaf en 'twelk mijn handen grepen.
Toen ging het landwaarts in en tot een woning, waar,
Sinds maanden, ons een vlug en krachtig rosfenpaar
Verbeidde, en opnam, en den bodem naauwlijks roerde
Waar langs het ons in Zwolle en tot de mijnen voerde.

'k Vond daar een zuster, gade, en trouwe Knechten, weêr;

Men overstelpte er mij met vriendschap, lof, en eer,

Hergaf me, als in triomf, aan mijne Stedelingen',

Die mij zoo luisterrijk en liefdevol ontfingen

En gansch verzoenden met mijn vroeger leed en lot.

Dat alles dank ik hem, en hem-alleen, naast God,

En wee mij, zoo ik 't ooit ontveinsde of kon vergeten!

Ik kus hem voor uw oog, dien 'k broeder steeds zal heeten;

En worde, o Vriendenschaar, die in mijn wellust deelt,

Oòk uwe dankbaarheid den eedlen niet verheeld,

Maar luid verkondigd: meer dan duizend andren deden

Heeft hij voor mij gedaan, heeft hij voor mij geleden,

En, wie mijn loopbaan ooit in schrift ter neder stelt,

Dat hij, met Harinxma, Jan Kanneken vermèld'!

Allen begroeten Kanneken.

WIJTS, *Bocke nogmaals omhelzende.*

Vergeef het, Schoonzoon, mij, durfde ik voorheen u krenken.

BOCKE.

Wij willen nimmer weêr dien boozen tijd herdenken.

't Is vrede in Westergoo, 't zij vrede in elk gezin.

Omvlechte één band van liefde en onderlinge min

Ons allen, klein en groot en wie we zijn, ja, allen.

Zijn wij één huisgezin: 't zal Gode welgevallen

En voorspoed, kracht en macht, geschenken Zijner hand,

Doen nederdalen op geheel het Vaderland!

FRIESLAND IN 1498.

*7

Concordiâ res parvae crescunt, discordiâ maximae dilabuntur.

SALLUSTIUS.

PERSONEN.

———

GOSLICK JONGHAMA;

BOCKE HARINXMA, } *Friefche Edelen, Schieringers.*

AEDE (1) JONGHAMA,

TJERCK WALTHA,

JOHAN HERAMA VAN WALTHA, } *Friefche Edelen, Vetkoopers.*
    diens zoon,

WIJTS JUWSMA.

ANSCK JONGHAMA.

SIJTS (2) JONGHAMA, *dochter van Goslick.*

  (1) Spreek: EEDE, met eene, naauwlijks hoorbare R tusfchen de E en de D.

  (2) Spreek: SIJTS.

FOPPE MATTHIJSSEN UNIA, *Olderman van Leeuwarden.*

WILLEM FREDERICKS, *Perſona, Paſtoor van S. Maarten te Groningen, ens.*

WILLEBORDT VAN SCHOMBERG, *Ridder; Raad en Veldheer van den Hertog van Sakſen.*

BOUDEWIJN VAN LEYDEN, } *Hopmannen in dienst van gemel-*
PETER VAN ULMS, } *den Hertog, onder van Schomberg.*

MATTHIJS NIJKAMER, *Drost van Embden, Raad van Ed-zart II, Graaf van Oostfriesland.*

PIETER, *Leekebroeder in het Klooſter Thabor bij Sneek.*

CLAES EPES CLAESMA, }
SJOERT PIETERS, } *Burgers van Bolsward.*

Eerſte RUITER, }
Een KNECHT, } *van Goslick.*

BODE *van den Landsdag.*

Een KNECHT *van Bocke.*

HOITZE WIJBES, (3) }
JAN TAMMAMA, } *Burgers van Leeuwarden.*

De PRIORIN } *van het Klooſter Fiswert bij*
De POORTIERSTER } *Leeuwarden.*

OVERSTE *der Woudlieden.*

Eerſte WOUDMAN.

(3) Spreek: HOOTZE WIJBES.

Tweede WOUDMAN.

BURGERS *van Bolsward.*

BURGERS *van Leeuwarden.*

ZWIJGENDEN.

JUW DECAMA, (4)

AESGE (5) THOE HOXWIER,

EPE AIJLVA,

SJOERD LIEUWES (6) BEYEM,

HESSEL MARTENA,

JARICH HOTTINGHA,

HERE HOTTINGHA,

Edelen, Schieringers.

TJALLING LIEUWES (6) JELLINGHA,

BOTTE JARLA,

ÄUCKE JARLA,

SJOERT WIJBES GROUSTINS,

BINNERT AEBINGHA,

WIJBRANT ROORDA,

Edelen, Vetkoopers.

Andere Vetkoopersgezinde EDELEN.

(4) JOUW DEKAMA.

(5) EESGE.

(6) *ieu*, is een drieklank, het Hollandfche *ie* nagenoeg.

Vetkoopersgezinde ABTEN, PRIORS *en andere Geestelijken.*

JOHAN SCHAFFER, *Burgemeester van Groningen.*

BURGEMEESTEREN,

SCHEPENEN,

RADEN,

GEZWORENEN,

OVERLIEDEN DER GILDEN,

} *van Leeuwarden.*

BURGERS *van Leeuwarden.*

Gewapende WOUDLIEDEN.

RUITERS *van Goslick.*

Saksische HOPLIEDEN *en* KNECHTEN.

NONNEN *van Fiswert.*

FRIESLAND IN 1498.

EERSTE BEDRIJF.

EERSTE TOONEEL.

Bolsward. 4 Februarij. Morgen. Vertrek op Jonghama-huis. GOSLICK JONGHAMA *en* JOHAN WALTHA *treden op.* GOSLICK, *Johan een zitbankje aanbiedende.*

Zit neder, Neef Johan, ik heb u veel te ontdekken.

Zetten zich.

't Verwondert u, — ik lees 't uit alle uw wezenstrekken, —
Dat Goslick Jonghama, in wien ge een vijand ziet,
U, Waltha, op zijn ftins, in Bolsward-zelf, ontbiedt;
Die Goslick, die, zoolang, met zijn getergde moeder,
Uw gansch Geflacht beftreed, en, daar uws vaders broeder
Ons Bolswards heerfchappij, het erfdeel van mijn Stam,
Betwisten dorst, hem 't licht met eigen hand benam.
Wel waart ge meermaals hier, gij zult het niet ontkennen;
Ten minfte indien uw mond de waarheid niet wil fchennen,
Maar altijd heimlijk, fteeds in mijne afwezendheid;
En echter weet ik, wat u herwaarts heeft geleid.

JOHAN.

Ik op uw ftins?

GOSLICK.

O ja, en ik zal 't u verklaren,
Daar gij nog altijd fchroomt uw hartstocht te openbaren.
Gij mint hier, — waarom dan te blozen? gij bemint,
En 't voorwerp uwer liefde is — Sijts, uw nicht, mijn kind.

JOHAN.

Gij zoudt gelooven?

GOSLICK.

Weet, de vader las in 't harte
Der dochter, zonder moeite, en tevens zonder fmarte,
En zonder gramfchap, Neef, wat gij niet loochnen kunt.
Doch wie heeft u gezegd, dat hij haar u niet gunt?
Wie zeide u, dat aan hem die liefde zal mishagen?
Dat, zoo ge u onderwindt, haar tot uw gâ te vragen,
En zij van zulk een echt zich niet afkeerig toont,
Het vaderlijk gemoed uw wenfchen niet bekroont?

JOHAN.

Neef Goslick! is het waar? zoude ik dat durven denken?
Gij zoudt..... Tjerck Walthaas zoon zoudt gij uw dochter fchenken?—
Nu veinze ik ook niet meer! ja, 'k min haar, ze is mij waard,
En eens haar gâ te zijn mij 't hoogst geluk op aard;
Geen prijs is mij te groot om haar bezit te koopen! —
Maar 'k heb verkeerd gehoord en mag er niet op hopen!

GOSLICK.

En waarom niet, Johan? u heb ik nooit gehaat.
Beftreedt gij immer ons? belaagdet gij mijn Staat?
Hebt ge ooit de ballingfchap uws vaders willen wreken,

Schoon die, door mij van goed en vaderland verfteken,
Uit Friesland vluchten moest, en 't zorgen voor uw jeugd
(De hoop zijns ouderdoms), uw vorming, uwe deugd,
Zijns ondanks aan de trouw van vreemden overlaten.....

JOHAN.

Van vrienden, die den vriend noch hunne trouw vergaten!

GOSLICK.

Gewis niet, ik erkm 't, en eer in u, Johan,
Een Fries, dien 'k gaarne omhelsde als mijner dochter man,
Wen flechts uw vader niet zoo roekloos ons miskende;
Wen hij zijn toevlucht zocht aan ons, in zijne ellende,
En niet een vreemd gefpuis zich aangeworven had,
Om weêr mij, zoo hij 't kan, te jagen uit mijn ftad,
En d' ondergang van Juw, nog niet door hem vergeten, —
Schoon Epo Aijlvaas werk, veelmeer dan 't mijn, te heeten, —
Te wreken op dit hoofd, dat hem affchuwlijk is!

JOHAN.

Dat zou zijn oogmerk zijn? neen, hij vergeeft gewis,
Indien gij 't ook wilt doen, wat eertijds werd misdreven.

GOSLICK.

Ik dacht het, maar, helaas! mij kan hij niets vergeven!

Hem een gefchrift overreikende.

Dit fchrift bevestigt u, wen gij 't u lezen laat,
Dat ik de waarheid fpreek, dat hij mij immer haat.
Hij koomt, hij nadert, en geen weêrftand kan mij baten.
Ik ducht zijne overmacht en moet mijn erf verlaten,
Naar 't meer verfterkte Sneek en tot mijn zwager vliên,
Wen Bocke Harinxma me een fchuilplaats aan wil biên.

Johan rijst in verbazing op; dit doet ook Goslick opflaan.

Vetkoopers, Schieringers, verfoeielijke namen,
Dra hoor ik u vernieuwd! en, ach! met u te zamen
De gruwlen en 't geweld, en 't wee van vroeger tijd,
Waar 't Land zoolang door leed, waaraan 't nog heden lijdt!
En ik, ik, Schieringer, zal 't eerst ten offer vallen,
Verlaat ik aanstonds niet, — ja, heden nog, — dees wallen.

JOHAN.

Nooit! hoor' mijn vader flechts den jammerkreet van 't Land.

GOSLICK, zijne rede vervolgende.

En — oordeel zelf, Johan, — mag ik, in zulk een stand
Van zaken, u 't bezit van mijne telg beloven?
U, zoon eens vijands, die haar alles wil ontrooven!

Of wilt gij in dees krijg aan onze zijde ftaan
En — zoo men 't noemen zal — uws vaders zaak verraân?
Dan zeker mag ik u als haar gemaal befchouwen. —

En ja, dat zult ge doen: ik mag uw woord vertrouwen
En reiken u mijn hand, en ftemmen in dees echt:
U is, voor haar bezit — gij hebt het zelf gezegd —
» Geen prijs te hoog;" Johan; deze immers zijn de woorden,
Die wij daar ftraks, mijn Zoon, uw hart ontvloeien hoorden?

JOHAN.

Ik zei 't, — maar mag ik dus mijn kinderlijken plicht
Verzaken? met het zwaard op 's vaders borst gericht.....
O gruwel! Goslick, neen! dat kunt gij niet verlangen!
Zoude ik nog waardig zijn haar reine hand te ontfangen,
Wanneer ik d' oorfprong van mijn worden en beftaan
Beftrijden dorst, mijn hand aan 's vaders leven flaan?

GOSLICK.

Hoe nu! — Doch gij-alleen moet hier uw lot beflisfen.

Het valt u lichter dus voor altijd haar te misfen?

JOHAN.

Ach!

GOSLICK.

't Een of 't ander moet ge.

JOHAN.

Ik derf mijn zaligheid,.

Zoo ik haar derven moet!

GOSLICK.

Des zijt ge dan bereid.....

JOHAN.

Tot alles, wat gij kunt van eenen zoon begeeren,
Wien 't Goddelijk Gebod: gij zult uwe ouders eeren,
Het heiligfte is van all' wat immer ééne Wet
Hem voorfchreef, – dien Gods wraak, zoo hij het fchendt, verplett'!

O! kost ge, één oogenblik, in mijne plaats u denken,
Gewis, gij waagdet niet mij door dien blik te krenken.

GOSLICK.

Zoo zoek uw vader op! verloochen ons en ga!
Wellicht berouwt het u, wanneer het is te fpâ! —
Gij moordt mijn kind! vertrek, verkorter van heur dagen! —
En, Hemel, geef mij kracht om dezen flag te dragen!

JOHAN.

Indien ik twijflen kon, wat fmarten 't ook mij baart;
Ik zou misdadig zijn en uwer telg onwaard'.
Zij-zelf wees dan mij af; zij zou mij diep verachten;
Verbood mij, immer weêr naar heure hand te trachten! —

Of zou ik dwalen? bindt, aan hare zaak, mij de eed
Van trouw, dien 'k ongevergd en ongedwongen deed? —

Ik moet haar, zelf, den grond mijns weigrens openleggen.
Gij, Goslick, moogt mij dat beletten noch ontzeggen.
'k Neme affcheid van mijn Sijts, en — ach! wat zeg ik: mijn,
Van haar, die nooit, neen, nooit! de mijne op aard zal zijn!
Doch 'k moet haar zien! dees beê, zoudt gij die afflaan kunnen?

GOSLICK.

Ter zijde.   *Overluid.*

Misfchien gelukt het haar.   Wij willen 't u vergunnen,
Mijn moeder zal haar hier geleiden; doch bedenk,
Wat ge u verwerven kunt en ik in haar u fchenk;
Wat gij, naar eigen keur, verwerpt en wilt verliezen;
Wat gij verachten durft, — en waag het dan, te kiezen.

Af.

JOHAN.

Te kiezen? keuze noch beflisfing ftaat aan mij!
Neen, aangebeden Maagd, wat ook mijn noodlot zij,
'k Zal u gehoorzaam zijn: gij zult mijn lot beflisfen,
Al doemt me ook uwe deugd, voor eeuwig u te misfen!
Maar kent uw teederheid, uw mij beminnend hart,
Eene uitkoomst, of ten minfte een balfem voor mijn fmart,
Zoo reik mij dien, of doe — ja, doe die fmart mij fneven:
Niets beters rest mij, dan dees dag niet te overleven!
Mij — die toch leven moet, — ja, leven voor een plicht —
Dien 'k niet volbrengen kan, — die echter zij verricht! —
Neen, ik vervul hem niet en zal mijns ondanks fterven, —
Mijns ondanks? zoo haar keus de dood mij doet verwerven?
Neen, dat die keus mij doode en mij, rampzalig mensch, —
O God! mijn hoofd! het gloeit! het berst! helaas! wat wensch,

Wat doe, wat zeg ik? God! God, aller fcheppen Vader,
Hoe foltert Gij me dus! zij koomt, mijn Sijts!

TWEEDE TOONEEL.

JOHAN, SIJTS JONGHAMA, WIITS JUWSMA.
JOHAN.

O nader,

Mijne Eenige, en verdrijf de koorts der zinloosheid,
Die door mijn bruifend bloed haar moordend gif verfpreidt!

SIJTS.

Hoe! past het u, een man, van mij, een vrouw, uw plichten
Te leeren? uw gedrag naar mijnen raad te richten?
O Sterkre, aan wien, hadde eens het huwlijk ons vereend,
Ik, zwakkre, heul gezocht en hopend had geleend.
Doch 't zij; al waande ik me ook van zulk een taak ontheven,
Gij eischt het, ik verman me en mag u niet weêrftreven.
Ga, trek, geliefde Vriend, uw vader te gemoet,
Wijd hem uw levenskracht en pleng voor hem uw bloed:
Hij heeft er aanfpraak op, de zijne zijn uw dagen,
En, wat hij eens u gaf, mag hij u wedervragen.
Doch meld hem onze liefde, en fpaar mijns vaders hoofd;
Ontwijk dien, waar flechts de eer het u veroorelooft.
Blijf eindlijk mij getrouw, als ik het u zal blijven.
Eens kan des Hemels gunst de nevelen verdrijven,
Waarin der menfchen woên voor ons de toekoomst hult;
Verbeiden wij dien ftond met ootmoed en geduld,
Zoo maken we ons altoos dier weldaad niet onwaardig.
Gij hoort, ik ken ons leed, en ben ten affcheid vaardig;
Wees gij 't als ik; bedenk, waar 't uur van fcheiden floeg,

Daar ging men vaak te fpade, en gaat men nooit te vroeg.
  Tegen Wÿts.

Gÿ, die finds mÿne jeugd tot moeder mÿ verftrektet,

En 't eerst mÿn minnegloed vermoeddet en me ontdektet,

Vergunt gÿ, dat ik thans, der trouw ten onderpand,

Die 'k andermaal hem zweer, hem aanbiê mond en hand ?

                    WIJTS.

Het wordt u toegeftaan, mÿn Dochter, te uwer bede.

        Sÿts en Johan omarmen elkander; dan vervolgt

          Wÿts, tegen Johan.

En gÿ, o Jongling, ga, verwÿder u in vrede.

Geloof mÿn ouderdom, die zÿnen plicht betracht,

Kan niet rampzalig zÿn, wat hem ter waereld wacht'.

                JOHAN, tegen Sÿts.

Neen, met deze ééne kus gaat niet al 't heil verloren,

Dat aan elkanders zÿde ons fcheen op aard befchoren;

Neen, 't kan niet mooglÿk zÿn; de Macht, waar gÿ me op wÿst,

Wie all' wat ademt looft en om Haar goedheid prÿst,

Zal ons, om vreemde fchuld, elkander niet ontrukken,

En gunt me eens, andermaal u aan dees borst te drukken.

Zÿ trooftte me uit uw mond, ik voel, van lieverleê,

Den ftorm in mÿn gemoed zich leggen, in zÿn fteê

Een kalmte rÿzen, die mÿn zinnelooze klachten

Tot ftillen weedom flemt, — tot betere gedachten,

Dan die mÿn wanhoop wrocht, en 'k dank het u, mÿn Bruid,

O duld van mÿ dien naam! 'k Eerbiedig uw befluit,

En dat ik u verlaat zal 't eerst bewÿs u geven

Van mÿne oprechte zucht om 't verder na te leven.

Vaarwel, mÿn Sÿts, ik ga, daar gÿ 't aldus gebood,

En zweer op mijne beurt u trouw tot in de dood.

Tegen Wijts.

En gij, doorluchte Vrouw, blijf dees mijn fchat behoeden,
Haar gids in voorfpoed zijn, haar fteun in tegenfpoeden.
Indien ik op het hart mijns vaders iets vermag,
Ontluikt eerlang voor ons een zonnelichter dag;
Dag, die twee vijanden verkeeren zal in vrinden,
En, wat ik nu ontvlucht, mij zal doen wedervinden.

Af.

SIJTS.

Hij ging — en laat mij hier met mijn verdriet alleen! —
Ik ftreed met onze ramp, dat ik haar thans beween',
Grootmoeder, aan uw hart; wil mijner u ontfermen!

WIJTS, *haar in de armen nemende.*

Ja, dierbaar Kleinkind, koom, u zal mijn fchoot befchermen.

DERDE TOONEEL.
DE VORIGEN, GOSLICK.

GOSLICK.

Hoe, Waltha fteeg te paard, en mijne dochter fchreit!

Tegen Sijts.

Zoo hebt gij onze zaak vergeefs bij hem bepleit,
En 't is u niet gelukt, door tranen noch gebeden,
Tot mijne, en uwe dienst, een minnaar te overreden?

SIJTS.

Dat heb ik niet beproefd: zonde ik mijn Waltha raân,
Te doen, wat, in zijn plaats, ik nimmer had gedaan?
Maar zonde ik zijn gemis, zijn liefde niet betreuren,
Hem, zonder tranen, zien uit dees mijne armen fcheuren?

8

Dat, Vader, waar te veel gevorderd van uw kind:
Zoo 'k thans hem niet betreurde, ik had hem nooit bemind!

GOSLICK.

'k Hoopte echter..... Evenwel, 'k ontzie mij hem te laken;
Genoeg. 't Is over tijd voor ons belang te waken,
Laat met mijn moeder hier me een oogenblik alleen;
Gij, raap wat kostlijkst en vervoerbaar is bijeen,
Uwe en uws moeders tooi, juweelen, en sieraden;
Zorg ook, dat Knecht en Maagd met alles zich beladen,
Wat tot gemak en nut, en weelde ons strekken mag,
En elk reisvaardig zij vóór 't einde van den dag.
Zoo mogen we ons naar Sneek, tot Ansck en Bocke spoeden:
De vijand nadert vast, en is, eer wij 't vermoeden,
Vóór Bolsward; Sneek-alleen verschaft ons veiligheid;
Ga, tot de snelste vlucht worde alles voorbereid.
Die werkzaamheid, mijn Kind, zal uw verdriet verzachten.

SIJTS.

Ik wil, als 't mij betaamt, uw last te volgen trachten.

GOSLICK.

Recht zoo, mijn Lieve! Omhels me, en blijf' de hoop u bij,
Dat altijd niet, als nu, het lot ons tegen zij.

Sijts af.

Laat, Moeder, thans me aan u geheel mijn ziel ontvouwen.

Hij biedt haâr eenen stoel aan; zij zet zich.

O Dierbre, op wie ik mag als op mij-zelven bouwen,
Die meer een mannen- dan een vrouwenhart bezit,
En met uw Goslick streedt, tref ook met hem het wit,
Dat hij, om wie ons haat te boeien of te vellen
En uwer waard' te zijn, zich dorst voor oogen stellen;

Dat onze eergierigheid en wraakzucht evenzeer
Vernoegt, en eens ons voert ten top van macht en eer.
Ja, 'k zie mij-zelf alreeds het Hoofd van Frieslands Edelen,
En, aan uw voeten, om één blijk van gunst, hen bedelen,
Die Goslick, op uw wenk, van uit het ſtof verheft, —
Of, als hen 't blikſemvuur van uw misnoegen treft,
Er in ter neder treedt, om nimmer weêr te rijzen,
't En ware om u daar voor te danken en te prijzen!

WIJTS.

Gij raaskalt, naar ik vrees! dat ſchitterend verſchiet,
Die grootſche ontwerpen, Zoon.....

GOSLICK.

                              Neen, zij mislukken niet:
't Werd al te wel beraamd, het zal, het kan niet misſen.

WIJTS.

Ontſteek mij meerder lichts; ik weet niet wat te gisſen.

GOSLICK.

Gij weet, dat Sakſens Vorst naar d' overouden rang
Van Frieſchen Poteſtaat geſtaan heeft, jaren lang;
Dat Duitschlands Keizer, dien we als opperſt Heer erkennen, —
Mits hij zich niet vermeet' den vrijheidsbrief te ſchennen,
Dien Koning Karel eens aan onze Vaadren ſchonk,
Toen hunne deugd zoo ſchoon vóór heel de waereld blonk
En deze-alleen hem deed in Rome triomfeeren, —
Dat graag die Keizer, hier, Vorst Albrecht zag regeeren,
En, dat hij 't eenmaal zou, hem ook heeft toegezegd,
Doch evenwel verlangt, uit eerbied voor ons recht,
Dat Friesland, of altoos de meeſte Westerfriezen,
Dien Albrecht, zonder dwang, tot Poteſtaat verkiezen,

*8

Aleer hij, hem daarvoor te erkennen, elk beveelt
En zelf hem Friesland als een Rijksleen toebedeelt.
Dit alles immers weet ge?

WIJTS.

O ja, finds lang voorzeker!

GOSLICK.

Gij weet, dat Albrecht mij ten fteun ftrekte, en ten wreker
Op Juw, toen ons zijn heer herftelde in deze ftad,
Waar niemand wist, wiens hulp ik mij verworven had;
Ten minfte niet, — en dat moest ik ook u verhelen, -
Tot welk een prijs ik dus in zijne gunst mocht deelen.
Weet nu, dat ik, reeds toen, hem hulde zwoer en tronw;
Ja, 'k zwoer, dat hij ons eens als Vorst beheerfchen zou,
En dat ik, deed hij mij in Bolsward zegepralen,
Hem daarmeê zijne dienst en bijftand zou betalen,
Of immers zorgen, dat hij eenmaal, vroeg of laat,
Zich zou verkoren zien tot erflijk Poteftaat,
Door Westergoo, altoos, door ons en onze vrinden.
Niets zou hij evenwel zich mogen onderwinden,
Hoe dienftig het hem ook voor onze ontwerpen fcheen,
Voordat ik daartoe hem den wenk gaf, — ik-alleen, —
En, loech hem alles aan, hij zou dien wenk verbeiden;
Dat moest hij, van zijn kant, mij zweren, eer wij fcheidden.

WIJTS.

Ik fta verbaasd! Voorwaar, een al te dure prijs,
Onmatig hoog, mijn Zoon, voor zulk een gunstbewijs!
Zoo immers gaat voor ons de vrijheid hier verloren!

GOSLICK.

Maar als gij.....

WIJTS.

> Doch vervolg, ik zal niet weêr u ftoren.

GOSLICK.

Ik gaf dien wenk. Het heer, dat Waltha herwaarts leidt,
Befoldigt Albrecht; 't is tot Albrechts dienst bereid.
Het zal den banneling in Worckum eerst herftellen,
Doch dán — niet weder gaan, maar Friesland blijven kwellen
En wat er Schieringsch heet; — in weêrwil en ten fpijt
Van Tjerck, en hoe hij-zelf moog' walgen van den ftrijd,
Gansch Westergoo eerlang voor zijn geweld doen buigen;
Den Landzaat plondren, 't merg hem uit de beendren zuigen,
En zetten huis en hof in lichterlaaien brand.
Dus wringt men Oostergoo de wapens uit de hand,
Waarmeê 't gewis met ons den vreemdling zou verjagen,
Beftond die andren dan de Schieringers te plagen,
Wier rampfpoed, fchande en fchâ het ftrekken ten vermaak.
Zóó brengt men 't in den waan, dat enkel Walthaas wraak
Steeds onbevredigd is en immer voort blijft woeden.
Die meening houdt het vast, en 't zal, noch kan vermoeden,
Wat hij niet eenmaal weet, die 't heer in Friesland voert.
Zóó wordt meteen de band van 't jongst verdrag ontfnoerd,
Waarna ons Oostergoo te hulp zou moeten komen.
Zóó heeft ook Albrecht niets van Groningen te fchromen,
Van Groningen, 'twelk niet verhindren zal, dat hij,
Dien 't niet voor vijand houdt, dien 't waant op Walthaas zij,
Ons Westergoo verwoest, maar door niet ééne fchrede
Op Oostergoos gebied de rust verftoort en vrede. —
Als eindlijk dan niets meer den armen Schier baat,
Als alles hem ontzinkt en ieder hem verlaat,

Terwijl hij 't uiterst lijdt, wijs ik, met onze vrinden,
Op d' eenige, bij wien ik uitkoomst weet te vinden:
Op Albrecht, die gewis hen redden zal, indien —
Hij zich tot Potestaat moge aangenomen zien.
Wie dan nog weiflen durft, doen straks, van uit dees muren,
Tjércks benden, voor het laatst, zijn aarzelen bezuren,
Tot elk zich buigt, en zwicht, uit vrees voor meerdre ellend,
En mijn Beschermer wordt tòt aller Heer erkend.
 Dan geldt het Oostergoo, ten halve reeds verslagen,
Verneemt het, dat meteen des Keizers welbehagen,
In naam des Duitschen Rijks, het Groninger Verbond
Naar Albrechts bede ontbindt, en op denzelfden stond
Zijn teêrgeliefden neef begiftigt met dees Landen,
En luid verkondigt, dat, wie Albrecht aan durft randen,
Ook Maximiliaan steekt naar de Roomsche kroon.

WIJTS.

Heb ik u wel verstaan? — Wat helsche list, mijn Zoon,.....

GOSLICK.

Dan geldt het Groningen, dat u ook eenmaal boeide;
Dat, zoo veel jaren lang, in onze rampen groeide;
Dat, listig als de Saks, en eindloos meerder wreed,
Als mijn ontwerp mislukt ons te overheerschen weet;
Den valschen bondgenoot! O Moeder, 'k zie de Friezen,
De vrijheid, hun zoo waard, door eigen schuld verliezen;
De Saks vernietigt haar; doch derven zij die min,
Wanneer dat Groningen, naar zijn begeerte en zin,
Hen overmeestert, trapt, en geeselt als zijn slaven?
Dat Groninger Verbond, zoudt gij het willen staven?

WIJTS.

Neen! liever nog geknield voor een uitheemfchen Heer
Dan voor de Groningers, geen bondgenooten meer,
Maar meefters, die, op 't puin der zeven Zeegewesten
In d' Upftalboom vereend, hun grootheid willen vesten!
Weg met dien wolventeelt, die de eendrachtsbanden flaakt,
En zijns gelijken tot zijne onderdanen maakt!
'k Vergat,—— maar gij, mijn Zoon, deedt mijnen toorn ontwaken.
Ga, reken op den haat, die me eeuwig zal doorblaken.
Voltooi wat gij begont, laat wat er will' gefchiên,
Wanneer ik Groningen flechts mag vernederd zien!

GOSLICK.

En u en mij, ten loon van ons volftandig pogen,
Alom ontzien, gevreesd; een doorne in 's vijand oogen,
En 's Hertogs rechterhand: ik ken zijn groot gemoed,
En weet, dat hij voor u de teederfte achting voedt. —
   Gij wilt dus, waar gij kunt, mijn plannen onderfchragen,
Waarvan de Hottinghaas almede kennis dragen,
Opdat ook Franeker, dat hun gezag erkent,
Zich, is het daartoe tijd, tot onzen Hertog wend'?

WIJTS.

Ik wil 't.

GOSLICK.

Doch blijven zij voor Harinxma verborgen.

WIJTS.

Hoe! voor uw zwager, Zoon? en waarom?

GOSLICK.

Laat mij zorgen,
Dat, als ik hem de vrucht van onzen arbeid bie,

Hij, haar te plukken, zich volftrekt genoodzaakt zie.
Ja, valt ze, als overrijp, hem niet vanzelf in handen;
Dan doet mijn aanbod flechts den haat nog feller branden,
Die tegen Sakfen eens in zijn gemoed ontftak,
En dien ik fteeds vergeefs beftreed en tegenfprak.
Hij moet, hoezeer hij 't wille, ons doen niet kunnen wraken.
    Thans, Moeder, haasten we ons om ons gereed te maken,
Met kroost en huisgezin dees wal te ontvliên, in fchijn,
Opdat er Albrechts heer ftraks moog' gevestigd zijn,
Om, wat uit Worckum niet kan worden ondernomen,
Van hier, met moord en brand heel d' omftreek te overftroomen,
Hier zij de zetelplaats van Sakfens krijgsgeluk.

WIJTS.

Maar ftort ge dus uw kind niet tevens in den druk?
Die Tjerck, dien gij bedroogt,.....

GOSLICK.

                    Zal, moge 't eerst hem belgen,
Gewillig eindelijk den bittren drank verzwelgen,
En neigen tot een zoen, die dan, door d' echt van 't kind
Van Goslick met zijn zoon, zich 't best verzekerd vindt.
'k Moest heden, (fchoon 't mij fpeet,) zou 'k ons geheim bewaren,
Johan verleiden, of mij tegen hem verklaren,
Hoe zeer het Sijts ontruste en kwelle; en nu, — nu voort!
Gij hebt genoeg, naar 'k meen, van mijn ontwerp gehoord.

WIJTS.

Ja, Goslick! Gaan we dan, om grootfcher weêr te keeren;
Ja, fpoeden we ons van hier en laat ons triomfeeren,
Voordat uw moeder nog, van 't kleed des ftofs ontdaan,

Het drietal gaden volgt dat haar is voorgegaan!

Beiden af.

VIERDE TOONEEL.

Bolsward. Eenige uren later. De kerkstraat, aan welker einde zich Jonghamahuis vertoont. Broeder PIETER VAN THABOR *en* CLAES EPES CLAESMA *ontmoeten elkander.*

CLAES.

Hoe, Broeder Pieter! wat jaagt u uit het Klooster Thabor herwaarts?

PIETER.

De weet- of, zoo gij dat liever wilt, de nieuwsgierigheid; Claes Epes Claesma. Er schijnt hier groot nieuws te zijn, en het is u immers bekend, dat ik een liefhebber ben van de geheurtenissen van onzen tijd ter dienste van de Nakomelingschap op te teekenen.

CLAES.

Ja, gij zijt — neem het mij niet kwalijk, eerwaarde Broeder, — ook al een van die helden met de pen!

PIETER.

Nu, elk in zijn vak, Claes Epes. Ik teeken niets op, dan het geen ik zelf hoor en zie, of van geloofwaardige lieden, die zelve het gehoord en gezien hebben, verneem, en ik doe dat, zonder partijzucht, zonder haat of vrees, zonder gunst of ongunst. Zou dat zijn nut niet hebben? Ik voor mij meen, dat ik aldus het Nageslacht aan mij verplicht. Ja, misschien zal het, na verloop van vele eeuwen, nog, hier, op mijnen geboortegrond, daarom met lof en dankbaarheid van Broeder Pieter van Thabor gewagen, en dan zal mijne

ziel, wanneer zij ten minfte eenig bewustzijn heeft van het
geen er op aarde voorvalt, zich voorzeker daarover verheugen, en — meen ik — verheugen mogen. — Doch laten wij
dat daar; den Dienaar des Heeren voegt in allen gevalle de
pen beter dan het zwaard. Zeg gij mij liever, wat gij van
Tjerck weet, en (*Op het huis wijzende.*) wat zij daarboven
doen?

CLAES.

Tjerck (zegt men) is, met een heer van vreemde Knechten,
op Friefchen grond en trekt op Bolsward aan. Daarboven
maakt men zich uit dien hoofde gereed het nest te verlaten
en, denk ik, naar dat van zuster en zwager te Sneek uit te
vliegen. — Ha! ik zal dan nog eens het genoegen fmaken,
dien Goslick, den kleinzoon van den vijand en vervolger van
mijnen braven vader, den moorder van den edelen Juw, op
nieuw van hier verdreven te zien; met zijne moeder, die
oude heks, die mij en de mijnen plonderen en mishandelen
deed, toen zij, met hulp van haren fchoonzoon, Sicke
Sjaerdama, dien de duivel ook al gehaald heeft, onzen Juw
gedwongen had, Bolsward te verlaten! Ik verlang reeds,
hunnen — ha! ha! ha! — hunnen ɔeervollen " uittocht te
zien!

PIETER.

Altijd nog even wraakzuchtig! Is dat braaf? is dat chriftelijk?

CLAES.

Hm! 't is ten minfte menfchelijk! — en de Geeftelijken.....

PIETER.

En Tjerck nam vreemdelingen in dienst, om zijn Vaderland te onderdrukken? foei!

CLAES.

Deed Goslick dat ook niet? heeft hij niet, zelfs nu nog, vreemde Ruiters in zijne dienst?

PIETER.

Maar Juw had daarvan aan Goslick het voorbeeld gegeven. Doch wie het dan ook deed, of nog doet, hij handelt verkeerd, en geeft aldus aanleiding dat eenmaal die vreemden ons overheerfchen en het geheele Land ongelukkig maken zullen. Nimmer hale men vreemdelingen in ter beflechting van binnenlandfche twisten. En ook gij, Burgers, moest u met de twisten der Grooten niet bemoeien: want.....

CLAES.

Wat! wij willen geen nul in het cijfer zijn! Wij willen mede wat te zeggen hebben! Wij willen geregeerd worden door den man van onze keus! De volksftem, Broeder, de volksftem!

PIETER, *glimlachende,*

Ja, *vox Populi, vox Dei:* de ftem des Volks is de ftem Gods, niet waar?

CLAES.

Juist. En daarom roep ik, de Volksftem: Leven Tjerck Waltha en die het met hem houden!

VIJFDE TOONEEL.

DE VORIGEN, SJOERT PIETERS, *daarna, meerdere* BURGERS.

SJOERT.

Hoe nu? Leve Goslick! Leve Wijts Juwfma!

CLAES.

Zoo fpreekt geen eerlijke Bolswarder!

SJOERT.

Dat zult gij mij geen twee malen zeggen.

CLAES.

Nog tien malen, nog honderd malen, zoo gij er mij toe
tart, Sjoert Pieters!

PIETER.

Houdt vrede, Mannen: vrede best!

CLAES.

En ik wil er bij roepen: leve Tjerck Waltha, weg met
den moordenaar Goslick!

Eenige BURGERS.

Ja, ja, weg met Goslick! — Weg met de Schieringers!

Andere BURGERS.

Weg met de Vetkoopers!

SJOERT.

Laten we 't met den kluppel uitmaken! Staat, Vetkoopers,
zoo gij durft! Koomt, Mannen, de kluppels gehaald en dan
hier terug! (*Af, met de zijnen.*)

CLAES.

Koomt, die het met mij houdt: wij hebben Friefche kop-
pen, die het hardebollen gewoon zijn!

BURGERS.

Ja, ja, Claes. Koomt! Weg met de Schieringers! (*Claes
met de zijnen af.*)

PIETER.

Schieringers, Vetkoopers! Ziedaar de leuzen dier dwazen,
de leuzen der Partijfchappen, welke zoo lang ons Friesland
verfcheuren. Zou men niet naar eene vreemde overheerfching,
als het eenige middel tot hare vernietiging voor immer,

wenſchen, helaas? Immers alleen een Vreemdeling kan,
wanneer hij hier eenmaal waarlijk Vorst is, met onpartijdig-
heid tegen elken rustverſtoorder, hij zij Vetkooper of Schieringer, optreden, en allen dwingen, zich ſtil te houden en
van elken verderfelijken aanſlag af te zien; en dan eerst zal
de vlam, waarin men nu altijd olie in ſtede van water
werpt, kunnen gebluscht worden. Maar zal ik vertrekken
en die verwoeden hunnen gang laten gaan? of zal ik blijven
en' trachten hen te bevredigen? Dat zal wel vruchteloos
zijn, doch laten we 't echter beproeven: waar men nuttig
zijn kan, moet men niets, zelfs eigen gevaar niet, ontzien,
noch lafhartig vermijden willen.

ZESDE TOONEEL.

PIETER, SJOERT, *met de zijnen, en vervolgens,*
CLAES, *met de zijnen.*

SJOERT.

Nu, waar zijn ze, de vijanden van Goslick, van onzen
wettigen Heer, wiens Voorzaten hier zoolang geregeerd en
den bloei van Bolsward zoo zeer bevorderd hebben? de
vrienden van Juw, den ontrouwen voogd van zijnen min-
derjarigen neef? Leve Goslick!

CLAES *en de zijnen, in 't opkomen.*

Weg met Goslick en Wijts!

De ANDEREN.

Leve Wijts Juwſma! weg met de Vetkoopers!

CLAES, *en de zijnen.*

Weg met de Schieringers!

Willen op elkander aanvallen.

Pieter, treedt tusschenbeide.

Mannen, bedaart! om Godswille, laat af. Denkt om ouders, om vrouw en kind! Laat der zaken haren loop,
de *Heeren* mogen, voor *hunne* belangen, *zelve* vechten!
Broeders, moordt elkander niet! Ik bezweer, ik smeek u,
om Gods en aller Heiligen wille, laat af!

SJOERT.

Uit den weg, Broeder! Leven Goslick en Wijts! Valt
aan! Valt aan, die 't met den Schiering houdt!

CLAES.

Weg met de Schieringers! Valt aan, valt aan!

ZEVENDE TOONEEL.

DE VORIGEN, RUITERS *van Goslick, van het
huis afkomende.*

EERSTE RUITER.

Wat is hier te doen? Stilte, in Goslicks naam! Voort,
naar huis!

SJOERT.

Waar bemoeit gij u mede, vreemde Snoeshaan?

RUITER.

Waar ik mij mede te moeien heb en moeien wil, Stijf-
kop, domme, lompe Fries!

CLAES.

Wat! (*Tegen de overige Burgers.*) Laten we ons allen
tegen die vreemde guiten vereenigen!

SJOERT.

Neen, weg met de Vetkoopers!

RUITER.

Tegen Claes. Tegen zijne Kameraden.

Guiten? Klingen uit, Mannen! voort met dat gefpuis! (*Tegen de andere Burgers, terwijl de Ruiters Claes en de zijnen met klingflagen voortjagen.*) En gij, Schieringers of Vetkoopers! maakt dat gij wegkoomt, eer het ook uwe beurt wordt! De vreemde guiten zijn hier baas! weg met de Friezen!

Het gordijn valt.

TWEEDE BEDRIJF.

EERSTE TOONEEL.

Sneek. 10 Februarij. Groote zaal op Harinxmahuis.
WIJTS, ANSCK JONGHAMA, SIJTS, gezeten en zich met
eenigen vrouwelijken arbeid bezig houdende, GOSLICK,
JUW DECAMA, AESGE THOE HOXWIER, EPE AIJLVA, SJOERT
LIEUWES BEYEM, sommigen gezeten, anderen staande,
met elkander in gesprek. — Eene kleine tusschenpoos. —
Dan treedt AEDE JONGHAMA binnen, wien Goslick te
gemoet gaat.

GOSLICK.

Hoe, Aede Jonghama! Wat mag u herwaarts jagen,
En zoo in aller ijl?

AEDE.

En dat kan Goslick vragen?
Of is het onwaar dan, wat mij, gansch onverwacht,
De faam op mijne stins te Rauwerd overbracht?
Wat, als een najaarsstorm bij nacht, mij gierde in de ooren?
Dat gave God! —

GOSLICK.

Ga voort; wat heeft men u doen hooren?

AEDE.

Een maar, die mij verbaasde, en meer nog mij ontroert.

» Op, Aede!" fchreef men mij, » naar Sneek! Tjerck Waltha voert

» Op Westergoos gebied een heer van vreemdelingen,

» Om Bolsward wederom aan Jonghama te ontwringen.

» Het trok op Sloten aan, dat, fchoon ter naauwer nood,

» Zijn grachten bijten deed, hamei en poorten floot.

» Thans legert het in IJlst, vanwaar het, als Gezanten,

» Naar Sneek, tot Harinxma en diens Partijverwanten,

» Zijn Hopliên zenden wil, die Bocke, vóór zijn wal

» Te ontfangen heeft beloofd en morgen hooren zal."

    Nu, is het waar, of niet? — Mocht ik 't een logen achten!

GOSLICK.

Men heeft u wel bericht. Verneem nog meer; wij wachten,

Thans Bocke hier terug, en Hesfel Martena,

Die hem verzelt met Here en Jarich Hottingha.

Doch u verwachtte ik niet.

AEDE.

        Hoe! zoude ik achterblijven,

Waar ik kan noodig zijn om uwen moed te ftijven?

Waar mooglijk menig een reeds naar mijn raad verlangt,

En licht, aan ééne ftem, 's Lands heil of onheil hangt?

Op zijner oudren ftins, in Rauwerds vruchtbre dreven,

Verr' van uw ftadsrumoer, voor gade en kroost te leven,

Is Aedes eenig doel en Aedes hoogfte lust;

Maar kon hij die begeerte en zucht naar vrede en rust

Voor Frieslands welzijn niet betoomen, en verwinnen,

Dan moest hij niet zoozeer het Vaderland beminnen.

GOSLICK.

Wij achten uw beleid niet minder dan uw moed:

9

Wees daarom welkoom mij en heel dees vriendenstoet.

Allen verwelkomen Aede.

TWEEDE TOONEEL.

De vorigen, BOCKE HARINXMA, HESSEL MARTENA,
JARICH en HERE HOTTINGHA, *die bij het
inkomen almede Aede begroetten.*

GOSLICK.

Ha! Bocke! — Nu, wat is des vreemdelings begeeren?

BOCKE.

Dat bleef ons duister. Ja, gij ziet ons wederkeeren,
Maar niet veel wijzer thans dan toen we zijn gegaan.
Doch hoor, wat ons het Hoofd der Hopliên deed verstaan:
» Ons heeft de Schieringer noch Westergoo te schromen:
» Wij zijn in Friesland niet om Walthaas zaak gekomen,
» Maar Gelders Hertog, wien wij dienen, die ons zond,
» Mishagen Leeuwarden en 't Groninger Verbond.
» Hen wil hij opentlijk, uit all' zijn macht bestrijden.
» Hij vergt van Westergoo alleen, het kalm te lijden,
» Den doortocht aan zijn heer te gunnen, tot dat doel,
» En stil te zitten bij het verder krijgsgewoel.
» Zoo ge ons geen hinder doet, wij zullen u niet hinderen,
» Het welzijn van dit Goo vermeerdren, niet verminderen,
» En Waltha zie dan voorts, hoe hij zijn zaak en recht
» Bij u, maar buiten ons en Gelders hulp, beslecht'."

AEDE.

En 't antwoord, Boeke, was?

BOCKE.

Naar 't geen wij hier besloten:

» Leeuwarden, Oostergoo, zijn onze Bondgenooten;

» Voortaan geen vreemden meer te dulden, Friesch en Vrij

» Te blijven, was hun eed, en met hen zwoeren wij.

» Dus, al misleidt ge ons niet, al legt gij ons geen lagen,

» Wanneer gij hen bevecht, en ze onzen bijstand vragen,

» Verleenen wij hun dien: wij allen zijn bereid,

» Ons woord te houden en de trouw hun toegezeid.

» Voorts mogen onze steên uw benden niet ontfangen:

» Ook dat verbieden haar onze eed en 's Lands belangen;

» En trekt gij tegen ons als vijanden te veld

» Dan weten wij geweld te keeren met geweld."

    Toen scheidden zij, te onvreên en met verkropte woede.

Tegen Goslick.

Ik vrees hen niet, maar gij, wees gij op uwe hoede:

Want, naar een hunner ons ten afscheid liet verstaan,

Trekt, nog vóór de avond valt, hun heer op Bolsward aan.

Tegen Aede.

Deze onze wallen, die hen tarten, aan te tasten,

Is nog te zwaar een werk voor die vermeetle Gasten.

In het algemeen.

Wat voorts gedaan?

GOSLICK.

       Wat voorts? wij hoorden immers reeds,

Dat Oostergoo en zijn verwaande Hoofdstad, steeds

Gekitteld met de ellend, die ons mag wedervaren,

Zich vredig houden en den vreemdling zullen sparen,

Zoolang slechts Westergoo gekweld wordt en bezet:

Wel, dat dan ieder Goo zich-zelf bescherm' en redd'!

Verzaken zij 't Verbond, verschaffen ze ons geen Knechten.

                                 *9

Laat dan ook ongeftoord die vreemden hen bevechten,
En zitten wij, alzoo het hen zal gelden, ftil;
Dan doen wij, wat zij doen?

BOCKE, *de overigen aanziende.*
Is dat uw-aller wil?

AEDE.

Neen! — Weigert Oostergoo u zijne hulp te bieden,
Gebruikt uwe eigen macht, uwe eigen oorlogslieden.
Hoe kunt gij twijfelen wat hier te doen? terftond
Den vijand na, en hem verdreven van uw grond,
Eer hij zich nestlen kan of ergens nederzetten.
Op, op! wij kunnen hem door eigen kracht verpletten!
Ik, fchoon uit Oostergoo, en fchoon ik nooit voorheen,
Gij weet het, tegen Juw noch voor hem heb geftreên,
Noch haat of vijandfchap Tjerck Waltha toegedragen,
Ben welgetroost met u den oorlogskans te wagen.

Tegen Goslick.
Het meest verwondert mij, dat gij uw ftad verliet.
Keer ijlings derwaarts.

GOSLICK.
Ik? — Ik tart heel Gelder niet
En wil niet, buiten nood, onoverzienbre rampen
Mij halen op den hals. Ik was gereed te kampen,
Met Oostergoo te zaâm, maar waag het nooit, alleen
Met u en Westergoo, in 't oorlogsveld te treên.

*Martena en de Hottinghaas aanziende, die hem
te kennen geven, dat zij het met hem eens zijn.*
Zoo denkt ook Martena, — ook Hottingha.

AEDE.

Kan 't wezen!

Wat zoekt gij u een Arts, die zelve u kunt genezen?
Snijdt u den kanker uit, voordat hij verder gaat;
Te wapen, Aesge, Sjoert, Juw, Epe, eer 't is te laat!

De vier aangesprokenen geven hem hunne goed-
keuring te kennen.

BOCKE.

De vreemdling toont, dat hij zich elders heen wil spoeden;
Hij trekt naar Oostergoo: zij, met zich-zelf te hoeden,
Ons Westergoo voldaan; doch Rauwerd zou wellicht.....

AEDE.

Op Bolsward wordt zijn heer — zoo zeidet gij — gericht;
Noemt gij dat Oostergoo?

BOCKE.

Om zich vandaar te haasten

Naar Leeuwarden, gewis. Wij zijn ons-zelf de naasten
En waartoe ons gewaagd, der onzen rust gestoord,
Voor trouweloozen, die, gelijk gij immers hoort,
Het onheil, dreigt het ons, niet meenen af te wenden,
En dus het laatst Verbond, hoe duur bezworen, schenden?
Nog eens: de Vreemdeling, waarin ge een vijand ziet,.....

AEDE.

Gelooft hem Harinxma, ik waarlijk doe het niet.

Tegen Goslick.

Maar Bolsward zal nogthans hem buiten sluiten kunnen
En.....

GOSLICK.

't Mag, wat mij betreft, hem vrij den doortocht gunnen.

AEDE.

Ge ontfangt hem dus!

GOSLICK.

Geenszins : 'k gun hem den doortocht maar.

AEDE.

Zoo ze eens in Bolsward zijn, geloof, zij blijven daar
En zullen fpoedig.....

GOSLICK.

Sneek mag op zijn fterkte bogen;
Mijn Bolsward zou geenszins den vijand afflaan mogen,
En zoo hij 't meefter wierd, nadat het weérftand bood?
O Hemel! 'k ijs er van, dat onheil waar' te groot!

AEDE.

Doch, wat hun oogmerk zij, en of ze gaan of naderen,
Ik wijs, o Friezen, u op 't voorbeeld uwer Vaderen;
Geen vreemde, wie het zij, te dulden op ons erf,
Was hunne leus en leer, die ook uw ftem verwerf'.

GOSLICK.

Het is hier vijf om vijf, wie wil men dat ons fcheide?
Doch wie er vechten wil, dat hij zich voorbereide
Op zulk een nederlaag, als van hunne overmacht
En krijgservarenheid ons maar te zeker wacht.

AEDE, *tegen Bocke.*

Neen, gij, o Harinxma, kunt mij niet tegenvallen;
Vertrouw flechts niet te zeer op uwe onwinbre wallen.
En wat toch baten ze u, als 't omgelegen land,
Als dorp bij dorp, zooverre uw oog kan reiken, brandt;
En de akkers ledig ftaan, die thans uw burgers voeden?
Dan treurt ge om 't onheil, dat gij nu nog kunt verhoeden;

En kent gij grooter fmart dan vruchtloos naberouw,
Uit eigen fchuld geteeld?

BOEKE, *tegen Wijts.*

Schei gij ons, Edelvronw,
Die ook het oorlog kent; dat ons uw raad verlichte.

WIJTS, *opftaande.*

Dan val ik Goslick bij, ftem, dat men niets verrichte,
Voordat men nogmaals weet', wat Oostergoo befluit,
    Eerst tegen Aede, dan in 't algemeen.

Dat, wen 't u hooren mag, veellicht zich anders uit,
Zijn weigering herroept, door ons zijn arm te leenen,
Uw twist bemiddlen, en ons allen moog' hereenen
Ten nutte van den Staat, tot Gelders fchâ en fchand,
Ga, onvermoeide Held, en red het Vaderland.
In Frieslands Hoofdftad is de Landsdag nog te zamen;
Trek, Aede, derwaarts heen, help daar ons best beramen;
Beproef, wat uwe taal, uw invloed er vermag;
Veel durf ik hopen van uw ijver en gezag.

BOOKE.

Zoo denk ik meê; gij kost op 't oogenblik vertrekken,
En hem het fnood ontwerp des vreemden hoops ontdekken.
    De anderen aanziende.
Beftemt gij 't niet als ik?

De Edelen geven hunne goedkeuring te kennen.

AEDE.

Wanneer gij allen 't wilt,
Zoo zij 't, maar inderdaad is 't woord en tijd verfpild.
Wacht van den Landsdag, dien ik weiger bij te wonen,
Zoolang de Groningers zich daar als meefter toonen,

Hun Willem Fredricks er den hoogſten rang bekleedt;
Geen hulp of redding, ſchoon gij 't uiterſt lijdt of leedt.
Op Willems prieſterlist kan ik niet zegepralen.
Men hoort en acht mij niet. — Ik wil niet langer dralen;
Doch overdenk̈ nog eens.....

GOSLICK.

        't Is alles overdacht:
O ga: de weg is ſlecht, 't is winter, ſpoedig nacht.

BOCKE.

Doch, zoo we u ſoms te veel, kloekhartige Aede, vergen.....

AEDE.

Niets meerders, Harinxma: uw rede mocht mij tergen;
Men vergt voor 't Vaderland aan Aede nooit te veel.
Maar 's Allerhoogſten hulp vall' ginds uw vriend ten deel!
O ſchenk mij kracht bij moed en mijner taal 't vermogen
Der overreding, Heer! o zegen Gij mijn pogen!

    Vaart allen nogmaals wel; gij ziet me ſpoedig weêr
En 't zal mijn ſchuld niet zijn, zoo ik niet blijder keer
Dan 'k u verlaten moet, die mede niet wilt luisteren.....
Tot wederziens.   *Af.*

BOCKE, *hem naoogende.*

      Geene eeuw zal uwe deugd verduisteren;
O nooit volprezen Held, die nog dezelfde zijt
Als bij 't ontbloeien van uw mannenlevenstijd!
O waarom mist ge zoons en kan ons uit uwe aſchen;
O Feniks onzer eeuw, geen andre Feniks waſſen!

GOSLICK.

Verdient juist hij dien naam? zijn hier geene andren, waar.....

BOCKE, *zonder minachting.*

Men vindt er eenen flechts in elke honderd jaar;
Ook voel ik mij aan hem al vast- en vaster hechten.

Tegen Ansck.

Mijn Gade, fprei den disch, — de Friefche drie gerechten.

Tegen de overige Edelen, buiten Goslick.

Gij zijt mijn gasten toch? hier, waar geen overval
Of opentlijk geweld den maaltijd ftoren zal:
Mijn Sneek is fterk en zal het hoofd niet lichtlijk buigen;
Waar, lust het u, 't gezicht u zal van overtuigen,
Wen wij de ronde doen vóór wij ter tafel gaan.
Hij volge mij die wil, dat 's, Mannen, u vooraan.

Af; alle de Edelen volgen hem.

ANSCK, *opftaande, tegen Wijts.*

Zoo zorgen wij, den disch en bekers toe te ftellen.

WIJTS.

Ik help u, Dochter.

ANSCK, *tegen Sijts.*

Nicht, zult gij ons niet verzellen?

SIJTS.

Verfchoon mij, lieve Moei, vergeef 't mijn zielsverdriet;
Maar alles is me een last.

ANSCK.

Mijn Kind, ik dwing u niet.
Verwacht ons dan weêr hier, doch, tracht uw fmart te teugelen.

Af, met Wijts.

SIJTS.

Aan de uren van genot, o Hemel, geeft Ge vleugelen;
En dat des weedoms kruipt met looden fchreden voort!

De fmart ftrekt U ten dolk, die ook de ziel doorboort,
Ons wonden toebrengt, waar we langzaam aan verkwijnen!
En ach, wat laat de vreugde ons na, bij haar verdwijnen?
't Befef, dat zij vervloog, en een herinnering,
Die 't leed verdubbelt, dat ons vorig heil verving!

   Toeft gij, Johan, bij hen, die 't Vaderland belagen?
Strijdt ge aan hun zijde? — Ik kan dat denkbeeld niet verdragen;
En echter, hoe 'k het weer', al gruwt mijn ziel er van,
Het — lage ik in het graf, aan uwe zij, Johan!

            Verzinkt in gepeins. Het gordijn valt.

DERDE TOONEEL.

Leeuwarden. Als voren. Het reventer van het Jakobijner-
Klooster. De Landsdag is nog vergaderd. WILLEM
FREDERICKS *zit dien voor. Aan zijne rechterhand zijn*
JOHAN SCHAFFER, *Burgemeefter van Groningen, en voorts*
de ABTEN *en* PRIORS *der vetkoopersgezinde Abtdijen en*
Kloofters in Friesland gezeten; aan zijne linkerhand,
FOPPE MATTHIJSSEN UNIA, *Olderman van Leeuwarden,*
TJALLING LIEUWES JELLINGHA, BOTTE *en* AUCKE JARLA,
SJOERT WIJRES GROUSTINS, BINNERT AEBINGHA, WIJBRANT
ROORDA, *en andere* EDELEN. *Geheel vooraan ftaat*
JOHAN WALTHA. *Buiten de deur, welke ter linkerzijde*
is, zijn twee gewapende BURGERS, *die men, wanneer de*
deur opengaat, gewaar wordt, als Schildwachten ge-
plaatft. Het is avond en lampen verlichten de zaal.

        WILLEM, *zijne rede tegen Johan*
             vervolgende.

Dus heeft uw vader niets van Oostergoo te vreezen:

Noch dat, noch Groningen, zal hem vijandig wezen;

Verlaat u daaromtrent op Willem Fredricks woord,

Dien ge, in des Landsdags naam, het u verzeekren hoort.

Wenkt hem, zich te zetten. Johan neemt plaats

bij de Edelen. Willem vervolgt, tegen allen.

Voleindigd is ons werk, doch, vóór wij huiswaarts keeren,

Zij u mijn dank gebracht, eerwaarde en eedle Heeren,

Voor uwe aanwezendheid, — uw ijver voor de zaak

Van heel den Friefchen Staat, — uwe eendracht, die de taak,

Door u mij opgelegd, mij ten genoegen maakte

En, niet één oogenblik, ons waar belang verzaakte, —

Voor de eer, aan Groningen, het Hoofd van ons Verbond,

Dat als zijn Afgezant mij in uw midden zond,

Bewezen, door aan mij, in zulke bange dagen,

't Voorzitterfchap van uw Vergaadring op te dragen;

  Oprijzende.

En God gebeden, dat Hij ftevig' en behoed',

Wat hier.....

VIERDE TOONEEL.

De vorigen, een Bode treedt driftig en in aller ijl op.

Willem, tegen den Bode.

  Wat brengt ge ons (fpreek) met zulk een drift en fpoed?

Bode.

't Is Aede Jonghama, die, vóór des Landsdags fcheiden,

Nog eens gehoor verlangt; moet ik hem herwaarts leiden?

Willem.

Gewis: wij mogen hem niet weigren, hij verfchijn'.

                               Bode af.

Men wijze niemand af, zoolang wij zamen zijn.

VIJFDE TOONEEL.

DE VORIGEN, AEDE, *ingeleid door den Bode;*
die dadelijk weder vertrekt.

AEDE, *bij het inkomen.*

Wel ons, dat ik u nog bijeen vind en vergaderd!

WILLEM.

Wat wilt ge? maak het kort: de tijd van fcheiden nadert,
En als ge, Jonghama, ons iets te melden had,
'Twelk u te ftrekken fcheen ten nut van Goo of Stad,
Zeg, waarom hebt ge u hier niet vroeger laten vinden?
Dus nogmaals : kort.

AEDE.

Ik zal, ik mag het zijn, mijn Vrinden :
Want wat ik eisch is recht en billijk, en wat recht
En billijk is, wordt ras en met één woord gezegd.
Een Fries, een Edelman, in ons Gewest geboren,
Veroorlooft zich, de rust in Westergoo te ftoren
Aan 't hoofd eens vreemden hoops, wiens houding en gelaat
Ons duidlijk fpelt, wat ons van hem te wachten ftaat.
In Sneek beidt Harinxma met zijne Bondgenooten
Uw bijftand, naar 't verbond, door u met hen gefloten,
Om, onverwijld, dien hoop met kracht te keer te gaan,
Te drijven van ons erf, of hem ter neêr te flaan.
Des vat de wapens op, verzamelt uwe Lieden,
Van alles wel voorzien, zoo ras het kan gefchieden;
Vereenigt u met ons en kampt aan onze zij.
Ik vorder 't naar 't Verbond, 't is recht; wat antwoordt gij?

WILLEM.

Dat Oostergoo 't Verbond in alles zal betrachten,
Naar 'twelk gij niettemin geen bijſtand hebt te wachten
Die nooit u werd beloofd, dien gij niet vordren kunt:
't Is niet op Westergoo in 't algemeen gemunt;
Aan Tjerck, en die met hem voor dezen zijn verdreven,
Hun Vaderland, hunne eer, hun goedren weêr te geven,
Die Goslick Jonghama hun afroofde, of ontſtal,
En als het zijn gebruikt, en niet hergeven zal,
Tenzij hij door geweld zich daartoe ziet gedwongen,
Is 't eenig doel van 't heer door 'twelk gij wordt beſprongen.
Geloof mij, Jonghama, wij zijn te wel bewust
Van 't geen de vijand wil, om wien ge u zoo ontrust;
't Is een bijzondre twist, 't zijn niet des Goos belangen,
Waarvoor ge een bijſtand eischt, dien gij niet zult ontſangen.
Neen, wie er ook de zij van uwen Goslick kies',
En of hij zijnen roof voor zich houde, of verlies',
Wij zullen, moge 't vrij uw toorn en gramſchap wekken,
In deze zaak het zwaard voor geenen Goslick trekken;
Hij kromm' zich voor de roê, die billijk hem kastijdt.

      AEDE, *tegen die van Oostergoo.*

Tot u, mijn Broedren, die oprechte Friezen zijt,
Met mij van ééne teelt, tot u richt ik mijn rede,
Mijn vordering, verzoek, of (wilt ge 't dus) mijn bede;
Niet tot dien Prieſter, tot dien Groninger Gezant,
Mijn vijand, en ook de uwe, o dierbaar Vaderland,
Wiens giftige adderblik — vermocht hij 't — mij zou moorden;
Neen, u, en u-alleen, betreffen Aedes woorden.

 Ik weet niet, met wat doel de vreemdling herwaarts kwam.

Naar 't geen men, uit den mond zijns Afgezants, vernam,
Is Oostergoos bederf het doel van zijn begeeren,
En zal hij Jonghama en Westergoo niet deren.
Ik lette daarop niet, ja vind het ongeraân
En roekeloos, geloof aan zijne taal te flaan,
Doch is, voor 't geen men u gezegd heeft, of gefchreven,
U grooter zekerheid en vaster borg gegeven?
Misleidt men ook niet u, wanneer men u vermeldt,
Dat zijne koomst alleen de Westergoofchen geldt?
En wordt wellicht ook Tjerck door foortgelijken logen,
Offchoon hij 't niet vermoedt, als gij en wij bedrogen?
Wij weten, wat de Saks alreeds heeft aangewend,
Opdat hij eens als Heer in Friesland werde erkend;
Hoe 't ook Bourgonjes Vorst, fchoon zijn belang hem knoopte
Aan Albrecht, en hem vaak dien te onderfteunen noopte,
Ja zelfs op heden nog hem dwingt, ten minfte in fchijn
In geenerlei ontwerp diens weêrpartij te zijn,
Nogthans op 't allerhoogst zou ftreelen en bekoren,
Werd hem de heerfchappij van Westerland befchoren;
Hoe Gelders Hertog, door zijne eerzucht fteeds geplaagd,
Almede naar 't gebiên in deze Landen jaagt,
Hoe 't zelfs Oostfrieslands Graaf zou kittlen en behagen,
Werd hem 't befchermen onzer rechten opgedragen. —
Ons Friesland is een maagd, die, fchoon wat ftug van aard,
In veler Vorften hart een gloed van lusten baart;
De lust wekt list, en, om de maagd tot vrouw te maken,
Ontziet zich geen van hen haar d' ouderen te ontfchaken.
O flaat dat vreemde heer, dat dus op 't onvoorzienst
Ons erf betreden durft, niet een van hen te dienst?

En, wie het aanwierf, 't moge of Phlips, of Karel wezen,
Of Edzart, of veellicht die Albrecht, meest te vreezen
Van allen, en zoozeer door Maximiliaan,
In weêrwil van zijn zoon, Bourgonje, voorgeſtaan,
Indien 't zoo is, helaas, en gij u dwaas misleiden,
En thans, door Groningen, van Westergoo laat ſcheiden,
Wat wordt er van die helft uws Vaderlands, gereed
Met u te ſtrijden? Hoort! voor Waltha, zoo het heet,
Ziet Bolswerd allereerst zijne onbezette wallen
Vermeestren, — 't is miſchien, terwijl ik ſpreek, gevallen.
Vandaar zult gij eerlang heel 't omgelegen land,
En ſtins bij ſtins, en dorp na dorp, zien aangerand,
Terwijl de vaste ſteên tot wijk en ſchuilplaats ſtrekken
Voor d' Adel, die het zwaard niet zonder u wil trekken.
Dan lokt de hoop op buit, van overal, elkeen,
Die elders is verarmd, of ledig gaat, hierheen.
Dat zal der vreemden kracht tot zulk een hoogte voeren,
Dat zich welhaast geen Fries meer reppen durft noch roeren.
Dan ſtormt die vreemdeling de ſteden, of omſluit,
Waar 't ſtormen vruchtloos is, de vest, en hongert ze uit.
De laatſte zwicht, en hij, die 't leven niet moest derven,
Noch ſlaaf wil zijn, ontvliedt, om elders vrij te ſterven! —
    Is 't uit met Westergoo, wat wordt er van dit oord? —
Wanneer het roofgedierte één woud heeft leêggemoord,
Zal 't daaraangrenzend, waar nog prooi in is voorhanden,
Zich, zoo men 't niet belet, niet daadlijk aan zien randen?
Ontziet de vuurgloed, die mijn woning heeft verteerd,
Mijns naaſten buurmans huis, zoo hij de vlam niet keert?
En, als 't aan jagers faalt, om 't eigen bosch te omzetten,

Wanneer men busfen derft en ftrikken heeft noch netten;
Hoe veiligt men zijn grond, hoe wordt ons bosch behoed?
En, als 't vernielend vuur, finds lang te ruim gevoed,
Zoo overmachtig werd, dat gij het niet kunt keeren;
Wat wordt er van uw huis? Wat zal uw vijand weren,
Als hij, wien Westergoo niets meer te buiten biedt,
Het welig Oostergoo nog bloeiend vóór zich ziet,
En u in kracht en macht is boven 't hoofd gewasfen?

Laat, Oostergoo, u niet door zulk een ramp verrasfen,
Reikt ons de broederhand, nog is het daartoe tijd,
Zoo raken wij en gij die vreemdelingen kwijt.
Bedenkt, dat onze ellend, wilt gij haar niet verhinderen,
Des vijands kracht vergroot, terwijl uw krachten minderen.
Nog eenmaal, wapent u en jaagt hem van dees grond.
Vervult aldus uw eed, voldoet aan ons verbond,
En onderzoekt daarna, wat Waltha heeft te vragen,
Wat rechten men hem nam, wien hij heeft aan te klagen,
En handhaaft zijne zaak naar onzer Vaadren wet,
Waartegen Goslick dan zich vruchteloos verzet, —
Neen, niet verzetten zal, wanneer ge ook zijne rechten
Eerbiedigt en 't gefchil naar billijkheid wilt flechten. —
En werd ook Waltha niet herfteld in goed en eer,
Het griefde mij, maar 't heil van Friesland raakt mij meer;
Van 't Vaderland, dat niet dan onheil heeft te wachten
Van vreemden, die alleen naar eigen voordeel trachten;
En nimmer onzen grond betraden, vóór noch na,
Dan tot des Landzaats druk en vaak onheelbre fché.
O dat de aloude tijd, de gulden eeuw herleefde!
De tijd, toen Barrahuis nog Hartwert niet weêrftreefde;

De tijd, toen 't eene Goo zich steeds aan 't ander sloot,
En, in gansch Westerland, één Potestaat gebood;
Toen Karels Rechtbank nog, van af haar Keizerszetel,
In Franeker, beval; geen nabuur, hoe vermetel,
En schoon ook onze bloei zijn handelsnijd ontstak,
Met ons belang zich moeide en hier als meester sprak!

Maar 'k heb genoeg gezegd, eerwaarde en eedle Mannen;
Wilt slechts partijdigheid uit uwen boezem bannen,
Herdenkt dit oogenblik der oude veeden niet,
En vraagt slechts, wat uw plicht, uw waar belang, gebiedt!

WILLEM.

Gij waart reeds wederlegd, aleer gij hadt gesproken,
En wat de Landsdag sloot wordt niet om u verbroken.
De overigen aanziende.
Is echter een van u veranderd van besluit,
Welnu, dat hij dan rijze en onbeschroomd zich uit'.
Tusschenpoos. — Allen blijven zitten en zwijgen.
Gij ziet het, alles zwijgt, ondanks uw ijvrig preêken,
En 't zwijgen zegt hier meer dan 't overbodig spreken.
Oprijzende.
Ik sluit dees Landsdag dan; en geef, o God, dat hij
In zijn gevolgen 't Land tot troost en nut gedij'!

> *Terwijl de Leden van den Landsdag, de een*
> *na den ander, langzamerhand hunne plaatsen*
> *verlaten, begeeft hij zich tot Aede, en zegt.*

Gij hebt u onderstaan, laaghartig mij te honen —
En — Groningen! het kon..... maar — 'k wil uw drift verschoonen.
Sint Maartens Priester neemt geen kennis van uw taal,

10

Doch, — hoon mijn waardigheid niet voor den tweeden maal!

Af.

A<small>EDE</small>, terwijl de overigen, van
welke de meeſten hem in het voor-
bijgaan groeten, zich verwijderen,
Johan-alleen uitgezonderd.

Ik zie uw noodlot in, o Land van mijne Vaderen!
Ik zie den ondergang van uwe vrijheid naderen,
't Verderf u naken! ach! dat wrocht de razernij
Der twee Partijen en der zucht naar heerſchappij!
Doch ik vermag die ramp niet van u af te wenden!

Wil gaan.

J<small>OHAN</small>, *hem terughoudende.*

Is Goslick ook bij hen, die Aede herwaarts zenden?

A<small>EDE</small>.

Ja.

J<small>OHAN</small>.

Toeft zijn dochter ginds?

A<small>EDE</small>.

Ik zag haar.

J<small>OHAN</small>.

En gij ſpoedt

U weêr naar Sneek?

A<small>EDE</small>.

Terſtond.

J<small>OHAN</small>.

O breng haar mijnen groet!

En moge ik binnen kort u weêrzien!

AEDE.

Tot wat ende !

JOHAN.

Tot ftuiting van des Lands en armen Volks ellende.
Mijn vader zal, van mij, vernemen wat ge fpraakt,
Met de overtuiging, die ge in mijn gemoed ontftaakt.
Dan toont hij zekerlijk zich tot een zoen genegen,
En, zoo gij Goslicks hart ook daartoe kost bewegen;
En hij, naar billijkheid, mijn vader, wat hij leed,
Vergoeden wilde, en voorts niet verder ons beftreed,
Gelukt het ons misfchien hun-beider wrok te fusfen
En daardoor d' oorlogsgloed, die 't Land bedreigt, te blusfchen:
Als zij....

AEDE.

Wat baat het ons, wanneer der vreemden macht
Terwijl zich vestigt en men 't niet te hindren tracht ? —
Doch zie wat gij vermoogt, ik zal niet werkloos blijven.

Gij fchijnt mij toe, gezind de goede zaak te ftijven:
Ziedaar mijn hand; neem aan, ik reik haar hem-alleen
Wien 'k als mijn vriend befchouw, dat 's : die van 't Algemeen.

Te zamen af.

* 10

DERDE BEDRIJF.

EERSTE TOONEEL.

*Sneek. 25 Maart. Dezelfde zaal als in het eerste tooneel
van het tweede bedrijf.* WIJTS, ANSCK, *en* SIJTS, *wederom gezeten en arbeidende.* BOCKE, *die mede tegenover haar gezeten is, is diep in gedachten verzonken.*
BOUDEWIJN VAN LEYDEN *treedt in.*

BOUDEWIJN.

Hoenu, Heer Harinxma, nog altijd in gepeinzen?

BOCKE, *opstaande.*

Vergeef 't, Heer Boudewijn: ik kan noch wil ontveinzen,
Dat all' wat ons weervaart mij diep ter neder flaat,
En federt uwe koomst..... mijn laatste hoop vergaat.

BOUDEWIJN.

En federt trokken toch — ge weet het — aan uw zijde
Zes honderd Knechten meer voor uw belang ten strijde;
En ieder hunner heeft, en vaak reeds, u getoond,
Dat echte krijgsmansdeugd in zijnen boezem woont.

BOCKE.

Sinds Oostergoo op nieuw befloot, ons hulp te weigeren,
Zag ik den nood des Lands al hoog- en hooger steigeren.
Den winter fleten wij in zorg en ongeneugt.
Mijn moed herleefde in 't eind, en groot was aller vreugd;

Toen Hertog Albrecht u, in 't oorlog welbedreven,
Met uwe benden zond en naar dees stad deed streven,
Uit meêlij, zoo hij schreef, met Frieslands wee en smart.
Ja, toen verdween een poos de kommer uit mijn hart;
Te meer, daar Jonker Fox, met tweemaal honderd Knechten
Almede, uit Franeker, Tjerck Waltha zou bevechten,
Zoo 't luidde; ik vleide mij met beetren tijd; ik dacht,
Dat gij elkaâr verstaan, en met vereende macht
De vreemdelingen zoudt van onzen grond verjagen,
En ik het eind zou zien van 's Lands en onze plagen.
Maar wat verrichttet gij en voerde uw Jonker uit?
Hebt gij vóór Tadama het moordgebroed gestuit?
Moest Ulbe daar door 't lood het leven niet verliezen?
En wat bleef Sijbout (laas!) op 't brandend huis te kiezen?
Dat, door een stouten sprong, hij 't lijfsgevaar ontging,
Of — smoorde in 't vuur; hij koos het eerste en (ach!) men ving
Hem op in spiets en zwaard, en deed aldus hem sneven,
Met die er op de stins der broedren overbleven,
Schoon geen der Landliên, die zich borgen in haar schoot,
Den vuigen moorders toen den minsten weêrstand bood!
D' onnooslen kindren zelfs mocht jeugd noch onschuld baten:
Door hunner oudren hand aan koorden neêrgelaten,
Met wat dien oudren nog van goud en zilver bleef,
Behielden zij het lijf, doch ook maar dat: men dreef,
Nadat men lachende de wichtjes had geplonderd,
Hen, naakt en bloot, daarheen! en Gij, o Almacht, dondert
Op zulke monsters niet? slaapt Uw Rechtvaardigheid,
Of hoort Ge, o Vader, niet, als 't weesje zucht en schreit? —
Nog ziet men Folsgara, ten tweeden maal ontstoken,

Nog 't aadlijk Lianckama, en Scharnegoutum rooken;
En Belckum, en Menaâm, en Mackum; overal
't Verwoeste land ter prooie aan gruwlen zonder tal,
En gij? aanfchouwt het kalm! - Neen! - Zoo gij 't flechts aanfchouwdet,
Slechts werkloos bleeft, en ons geen meerdre ellende brouwdet,
't Waar wél! maar gij — trekt uit, nadat de vijand week,
En eigent dan u toe wat hij niet naar zich ftreek,
En ons rest eindlijk — niets!

BOUDEWIJN.

Hoe konden wij 't beletten?
En hoe vermochten wij het hem betaald te zetten?
Te klein is onze macht. — Maar 'k heb toch u behoed,
Nog onlangs, voor een ftorm van 's vijands overmoed;
Onthou den dank ons niet, dien wij aan u verdienden.
Gij leeft in veiligheid, met gade, kroost, en vrienden,
Gij hebt uw fchatten hier, en raakt er niets van kwijt:
Des neem geduld, en hoop op uitkoomst door den tijd.

BOCKE.

Wat helpt het, Boudewijn? dus wordt er niets herworven,
En zien we in 't platte land terwijl ons-zelf bedorven:
Want — zeggen wij 't ronduit — wat zijn we zonder dat?
De nijvre Landman is de voedftervrouw der ftad,
Ontkenden wij 't weleer, zijn rampfpoed maakte ons vroeder;
En fneeft de zuigling niet, ontzielt ge zijne moeder?
Sneek, Franeker, en wat er ftad mag heeten, zwicht,
Als eens het platte land bedorven nederligt;
De Steedling fneuvelt, fchoon geen vijanden hem flachten;
Nadat de Landman viel, door 't derven zijner krachten.
Zorg, dat uw Hertog, deert hem waarlijk onze ellend,

Zoo Fox als u verfterk', en meerder Knechten zend',
Wen ge u te zwak voelt, u in fteden op moet fluiten,
De wallen wel bewaakt, maar niets vermoogt daar buiten,
Dan plondren, en alleen, o ongenoode gast,
Ons ftrekt tot ergernis, verdriet, en overlaat!

BOUDEWIJN.

Hij deed licht reeds te veel met ons u aan te bieden!
Moet hij voor u zijn goud, voor u zijne oorlogslieden
Verfpillen, en ons bloed, om u alleen geplengd,
Terwijl het hem, noch ons, het minfte voordeel brengt?
Die meerder bijftands wil, wete Albrecht ook te toonen,
En moog' zoo groot een Vorst wat meerder danks betoonen, —
Verplicht hem aan uw zaak, werpt u aan zijne borst,
En kiest den machtige tot uwen Heer en Vorst!

BOCKE.

Hem — tot een Heer! — en onze Vrijheid? haar verliezen!

BOUDEWIJN.

Dan klaagt ook niet en helpt u zelve, vrije Friezen!
  Nu weet gij tevens, wat mij herwaarts heeft gevoerd.

BOCKE.

Vorst Albrecht ons..... uw taal.... ik ben te zeer ontroerd.....

TWEEDE TOONEEL.

DE VORIGEN, GOSLICK.

BOCKE, *tegen Goslick.*

Vernaamt ge, wat hij fprak?

GOSLICK, *hem gadeflaande.*
Neen, — maar ik kan het gisfen.

BOCKE.

Wij — goede Hemel! help! — wij onze Vrijheid misfen,
Zijn Hertog huldigen tot onzen Opperheer!

GOSLICK.

Ook mij deed Boudewijn dat hooren, keer op keer.

BOCKE.

En gij?

GOSLICK.

Op zulk een taal ben ik hem fteeds ontweken.
Welk antwoord ons betaamt wilde ik met u befpreken,
En daarom kwam ik hier. Ja, Broeder, ik beken 't,
Ik, zoon eens vrijen mans en aan geen Heer gewend,
Kon eerst mijn afkeer, toorn, en woede, naauw verfmoren,
Wen mij, zoo raauw en ruw, die rede druischte in de ooren; —
Maar eindlijk, — Bocke, wij verdrinken, wij vergaan,
Één middel bleef ons nog tot redding, — grijp' men 't aan.

BOCKE.

Is 't mooglijk?

BOUDEWIJN.

Jonghama heeft met verftand gefproken.

BOCKE, tegen Goslick, die fpreken wil.

O zwijg, om 's Hemels wil! gij hebt mij 't hart gebroken!
Vergat gij, Goslick, dan, wat ik van Albrecht leed?
Hoe mij voorheen de Saks, die Juw voor u beftreed,
Hier, in mijn eigen ftad, die hem tot fchuilplaats ftrekte
En tegen de ongena der winterftormen dekte,
(Hoewel 't mijns ondanks was, dat ik d' ellendeling,
U trouwloos bovendien, in dezen wal ontfing,)
In zijne boeien floeg, nadat hij me overmande,

En me, als een guit, op zijne pijnbank rekte en fpande,
Om gelden, die hij nooit van mij te vordren had?
Van mij, die, daarom flechts, zoo lang in gijsling zat
Te Groningen, waartoe ik eindlijk mij moest wenden.....

GOSLICK.

Ook ik leed toen met u, — maar van des Hertogs benden,
Die hij me, op mijne beê, een poos had afgeftaan,
En wier geweld hij-zelf, noch Fox, kon tegengaan
Of keeren: wie of wat vermocht iets op die muiteren?
Ik heb het woest gedrag der teugellooze Ruiteren,
Ons kwellende om de fold, die 'k ook hun had beloofd,
Maar niet betalen kon, daar me alles was ontroofd,
Aan Hertog Albrecht en den Jonker nooit verweten;
Die 't nooit bevalen, noch het hebben goed geheeten.
Maar hoe dat zij, ik zie geen andere uitkoomst meer,
En wil den Hertog dus erkennen voor mijn Heer.
Ik weet, dat Hottingha en menige andren denken
Als ik; wil Harinxma zijn bijval ons niet fchenken,
Vaarwel dan, 'k ga mijn arm den eedlen Hertog biên.

BOUDEWIJN.

En wij, die ons van hem zoo fchotsch bejeegnen zien,
Verzellen u. Blijf' hij ons verder tegenftreven,
Te Franeker zal Fox der zaak haar uitflag geven.
Wij zien voortaan in Sneek alleen een vijand meer,
Wien geen genade wacht van ons verwinnend heer,
Als 't ovrig Westergoo, vervreemd van zijn belangen,
Den dappren Hertog heeft tot Poteflaat ontfangen,
En Walthaas roofgebroed uit deze Landen week. —
Tenzij ge beter keurt, dat wij 't vermetel Sneek,

Waar wij toch meefter zijn, voorshands bezetten blijven,
En hem uit deze ftad en van dit huis verdrijven?

WIJTS, *opftaande en tot Bocke*
tredende.

Ik moet hen volgen, maar, zoo 't moederlijk gezag,
De moederlijke beê, nog iets op u vermag,
Zult ge ons niet dwingen, Zoon, dat wij dees ftad verlaten.

BOCKE.

Gij ook, Schoonmoeder, wilt...

WIJTS.

Gij zoudt u-zelven haten....

DERDE TOONEEL.

DE VORIGEN, *een* KNECHT.

KNECHT, *tegen Bocke.*

Een vreemdling, eedle Heer, vermoeid en afgemat,
Verfcheen, om u te zien, zoo even vóór de ftad.
De Poortwacht liet hem in, op zijn herhaalde beden,
En dus kwam hij tot ons. Zal ik hem op doen treden?

BOCKE.

O ja.   *De Knecht opent de deur en wenkt.*

VIERDE TOONEEL.

DE VORIGEN, TJERCK WALTHA, *in het gewaad van een*
Krijgsknecht en zijn aangezicht in eenen doek verbergen-
de. De KNECHT *van Bocke treedt, na hem ingelaten*
en vóór Bocke gevoerd te hebben, weder af.

BOCKE.

Bedrieg ik mij? of....   *Ziet Boudewijn aan.*

BOUDEWIJN.

Ik begrijp u. 'k Ga;

Gij moogt, tot morgen, u beraden, Heer; weldra —

Tenzij ge u Sakſens Vorst genegen wilt betoonen —

Verlaat ik u, dees ſtad, waar trots en ondank wonen;

Of wel..... Maar 't is genoeg.   *Af.*

BOCKE.

Tjerck Waltha!

TJERCK.

In uw macht. —

Maar, Bocke en Goslick, hoort, wat hem ten uwent bracht;

En toomt de gramſchap in, die vonkelt uit uwe oogen:

Ik werd, mijn Vijanden, veelmeer dan gij bedrogen.

   Ik ſleet, als banneling, mijn dagen in verdriet:

Wáár ik me onthouden mocht, ik vond er Friesland niet,

En wat me ook liefde bood, of deel nam in mijn plagen,

Steeds hield ik mijnen blik op 't Vaderland geſlagen,

En voelde dan alleen mijn bittre ellend verzacht,

Als ik mij wederom op Frieſchen bodem dacht,

Of een geheime hoop mij fluiſtrend riep in de ooren:

Gij hebt voor altijd niet uw vaderland verloren.

Ach — zuchtte ik dan — zal 't eens, zal 't bij mijn leven zijn?.....

Neen, levend niet, o neen! de dood verzacht dees pijn

En gunt mijn ſtof in 't graf der ouderen te rusten,

Maar levend zwerf ik om en dool op vreemde kusten,

En bén, en blijf alleen! Zoo kermde ik, dag aan dag,

Totdat ik onverwachts twee Hopliën vóór mij zag.

» Bourgonje heeft den vreê met Gelderland geſloten.

» Er toeft in Harderwijk een deel der ſtrijdgenooten

» Van Phlips, uit zijn foldij ontflagen, en gereed

» Hem dienst te doen, die zich van hen te dienen weet.

» Wilt gij dat, tegen hen, die u uit Friesland bannen?

» De Hoofden zijn vol moeds, de Knechten dappre mannen.

» Stelt gij u aan het fpits, zij zullen volgen, wáár

» Gij hen ook voeren wilt, en zijn wij eindlijk dáár,

» In 't vaderland, en op het erf, aan u ontnomen,

» Gij zult door onze deugd het all' terugbekomen,

» En alle uw vijanden verwonnen en verftrooid,

» Of in uw ketens zien; en, als het werk voltooid

» En niemand machtig is u andermaal te krenken,

» Zult ge ons het eerlijk loon van onzen arbeid fchenken;

» Den roof, dien zich onze arm, daar ze uw partij bevecht,

» Van 's vijands goed verfchaft, naar krijgsgebruik en recht,

» En dien gij eerst voor ons vergaadren moogt en bergen.

» Daarna, op uwen wenk en zonder meer te vergen,

» Of lastig u te zijn, verlaten we, edel Heer,

» Op krijgsmanswoord en trouw, terftond uw Friesland weêr."

Zoo fpraken zij, befaamd om duizend heldendaden,

En ik,:— ik mocht, ik kon hun aanbod niet verfmaden,

En gij, wanneer uw mond de waarheid niet verraadt,

Zegt niet: in uwe plaats, had ik het, Tjerck, verfmaad.

Tegen Goslick.

Ik, door de hebzucht van uw benden flechts, ontkomen

Aan 't ftaal, dat vóór mijn oog mijns broeders bloed deed ftroomen,

Ik, die door haar gefleept naar Holland, op dien tocht,

Voor alles wat mij bleef, mijn vrijheid had gekocht,

Die naauw een kleed bezat, dat mijne naaktheid dekte,

En 't droevig aanzijn flechts bij gift of aalmoes rekte,

Die heimlijk mij gewerd van vriend of bloedverwant;
Ik waarlijk mocht hun dienst niet wijzen van de hand.

Doch nooit vermoedde ik, wat ik thans moet ondervinden:
De zucht naar 't vaderland moest mij 't gezicht verblinden!
Helaas! die roovers — want geen Krijgsliën zijn ze meer —
Verbreken thans hun woord, hun trouw, hun eed en eer.
Brand, vrouwenschennis, moord, — die zijn 't die hen bekoren;
Zij willen nu van loon, noch van verwijdring, hooren,
Schoon ik, in Workum en te Tjerckwerd weêr herfteld,
Mij zelf befchermen kan, en, wars van hun geweld,
Hun fchatten aanbiê! ach, nog eens: ik werd bedrogen!
In 't mijn te keeren, was mijn eenig doel en pogen,
Niet, dit ons Westergoo, dit, mij zoo dierbaar oord
Hun prijs te geven, hier den vreê te zien verftoord.
God weet het, zoo mijn dood mijn dwaling kon herftellen;
Zou, daadlijk, vóór uw oog, dit zwaard mij nedervellen
En boeten door mijn val den misgreep van mijn hart,
Dan ach het ware om niet! — o duldelooze fmart!
Ziedaar wat ik u koom, wat ik u moest belijden. —
Voortaan wil ik, met u, dien fnooden hoop beftrijden
En fterven in uw dienst. Dat 's nu mijn eenig wit.
Neemt alles wat ik heb herwonnen, en bezit,
En weder derven wil; neemt alles, — ook mijn leven;
Alleen, veroorlooft mij voor 't vaderland te fneven;
Stelt me, als den flechtften Knecht, op d' allerlaagften trap;
Alleen, zendt mij niet weêr, niet weêr in ballingfchap;
'k Geef alles wat ik mag en met mijn bloed voldoening, —
En Bocke, Goslick, nu — neemt Tjerck weêr aan — verzoening!
Eenig zwijgens. Bocke is zeer aangedaan. Goslick bleef koel.

GOSLICK, *tegen Tjerck.*

Spraakt gij uw zoon alreeds en weet ge, wie hij mint?

TJERCK.

Hij heeft het mij ontdekt, maar....

GOSLICK; *hem Sijts aanbiedende.*

Zie, zie hier mijn kind. —

Wanneer gij aan de zij van Goslick u wilt scharen,
Met hem der Sakfen Vorst tot Frieslands Heer verklaren,
Zoo hoop van Goslick veel, voor u, en voor uw zoon.

TJERCK.

Hoe! wilt ge dat ik dan u mijn berouw betoon'
Door Sakfens Vorst als Heer van ons Gewest te hulden?
Neen, nimmer zal ik dat, kan ik het keeren, dulden!
En gij, o Harinxma, zoudt gij dat willen? hoe!

BOCKE.

Ik, Waltha, ben den Saks, ben alle vreemden moe.....
Ik heb zoo even nog..... het denkbeeld doet mij fchromen.....
Maar alles valt mij af; het tijdftip is gekomen,
Dat (ach!) ook Harinxma moet duiken voor het lot,
En zwichten voor een nood, de geesselroê van God.
De laatfte fteun bezweek, die me in dees rampfpoed restte:
De Woud- en Gaasterliên, waar 'k all' mijn hoop op vestte,
Beloven wel, zich-zelf te hoeden voor den Saks,
Maar weigren ons hun dienst; ach! ik vernam het ftraks.

Een brief toonende:

En zouden wij dan niet ter prooi der uwen ftrekken,
Nu Fox en Boudewijn zich mede aan ons onttrekken.....

TJERCK.

Ze onttrekken zich?

GOSLICK.

Tenzij men Albrecht.....

TJERCK.

Ha! ik merk!....

't Is alles, Harinxma, een doorgeftoken werk.
Van wien, behoeven wij elkander niet te vragen:
't Is een dier werken, die zoo klaar het ftempel dragen
Des vroomen kunstnaars, dat geen fterveling den man
Één oogenblik in zijn gewrocht miskennen kan!
Nu heldert zich mij op wat duifter was te voren! —
Gij ook, o Harinxma, geeft Friesland dus verloren?

BOCKE.

Wat kan ik anders doen? o! weet ge 't, zegt het mij.
Men perst ons tot een keus, maar bleef een keus ons vrij?
Ons, die men dreigen durft van hier te zullen jagen,
Waar zich een broeder en een moeder bij gedragen,
Als ging het hun niet aan! Wat kan ik, ik-alleen?

TJERCK.

Nu, dan..... Befchouwt ge mij als uw gevangne?

BOCKE.

Neen.

Beweging van Goslick.

Neen! Waltha kwam als vriend, en zal als vriend vertrekken,
Wie waagt het, tegen hem één vinger uit te ftrekken?
Nog ben ik Olderman, men eer' wat ik gebood.

Tjerck de hand reikende.

Wij zijn verzoend.

> TJERCK, *de hem aangebodene hand*
> *hartelijk drukkende.*

Heb dank!

> ANSCK, *opstaande en haren echt-*
> *genoot omhelzende.*

> Mijn waardige echtgenoot!

> BOCKE, *tegen Goslick.*

En Goslick?

> SIJTS, *tegen Goslick.*

Vader! laat uw wrokkend hart bewegen.
Nog nimmer hebt ge een vriend tot minder prijs verkregen.
Uw vijand vordert.....

> TJERCK.

Niets! — een hut slechts, en een graf,
In 't Land, — dat ik herwen.

> GOSLICK, *tegen Sijts.*

> Mijn Dochter, neen, laat af!

> SIJTS.

Hij worde uw vriend, en doe een zoon u tevens winnen,
Die u, zoo zeer als hem, zal achten en beminnen.
Wilt gij, dat ik uw kniën omhelze? Vader, hoor,
Wat wij u smeeken, stel ons allen niet te loor.
Die onze schuld vergeeft, wil, dat ook wij vergeven.
Volg Zijn.....

> GOSLICK, *tegen Tjerck.*

> Zal ook door u de Hertog zijn verheven?

> TJERCK.

Neen, nooit! en moet ik hier uw Albrecht heerschen zien,
'k Zal dan in Oostergoo der dwinglandij ontvliên:

Kan aan eens Vorften boei zich Westergoo gewennen,
Leeuwarden, Oostergoo, zal Albrecht nooit erkennen.

GOSLICK.

Tegen Tjerck. Tegen Sÿts.

Zoo ga. — En gij, ſta op! Geen zoen, dan op die wijs!

TJERCK, *eerst in het algemeen;*
dan tegen Sÿts.

Vaartwel dan! — Eedle Maagd, te hoog is mij de prijs;
Maar 'k lees in uw gemoed, dat ſpiegelt in uw wezen,
O Jonkvrouw, en Johan heeft ook daarin gelezen.
'k Herhaal zijn woorden u: het ga ons droef of blij,
Zij wordt mijne echtgenoot, geen andere ooit dan zij.

Op Goslick wijzende.

't Aanhoudend golfgeklots der onvermoeide baren
Weêrſtaat geen rots, hoe hard; zijn wrok zal eens bedaren.

Af.

ANSCK, *tegen Goslick.*

Hoe zoet de wraak ons ſchijn', men overdrijf' haar niet.
Zie wat uw dochter lijdt en matig haar verdriet.
Zal zij den lijdenskelk dan drinken met den droefem?
Nog bloeit zij, krachtvol-ſchoon, bewaak den teêren bloefem:
Ze is in den levenstijd, die voorjaarsftormen baart;
Zal hij, wiens plicht het is, dat hij den boom bewaart,
Dien, zelf, ten doel en buit der noordewinden ſtellen?

SIJTS.

Hoe moogt ge, Vader, dus uw arme dochter kwellen,
Terwijl ge uw woord verzaakt? of hebt gij niet gezegd:
» Zooras mij Walthaas haat niet langer lagen legt,
» Mijn hoofd niet meer belaagt, en zijne vloekgenooten

11

» Verlaat, zal 'k ook mijn zoon niet langer van mij stooten;
» Dan zij Johan uw gâ, 'k neem dan hem aan als kind."
Dat zeide een vader mij, — dien ik niet wedervind.

GOSLICK.

Maar Waltha, dien men hier van onze boei verfchoonde,
Is nog dezelfde, dien hij altijd zich betoonde:
Mijn vijand, van partij verwislend, maar altijd
Mijn vijand, die op nieuw mij in mijn werk beſtrijdt.
Ik waar' verzoend, had hij gedaan wat ik verwachtte,
En wat ik zijnen plicht, gelijk den mijnen, achtte.

WIITS.

Zoo is het, Zoon, e ja; hij biede, als wij het doen,
Den Hertog bijſtand, dan, dan weigren wij geen zoen.

GOSLICK, tegen Bocke.

Ik ga, om Boudewijn uw eindbeſluit te melden.

BOCKE, hem wederhoudende.

Maar zoo mijn Burgers.....

GOSLICK.

Wat?

BOCKE.

Zich eens daartegen ſtelden?

GOSLICK.

Zij moeten willen, wat hun Heerſchap wil: wie vraagt
Het Volk, wat Vorst of wat Regeering hem behaagt.
Tot onderwerping is het domme Volk geboren,
Zij volgen......

BOCKE.

't Ga zoo 't ga, ik zal mijn Burgers hooren.
Ik ben hun Olderman, men roepe uit mijnen naam

Den Raad, de Geestlijkheid, en Burgerij te zaâm.

't Zij morgen, vóór den noen en in Sint Maartens kerke,

Dat uw welsprekendheid mijn voorslag dáár versterke,

Wijl gij van 's Hertogs doen de hoofdbeleider zijt

En hem ten zetel heft, wat ik u niet verwijt,

O Broeder, schoon het mij moest nopen, u te haten,

Daar geen verwijten meer ons redden, noch mij baten;

Neen, schoon ik werd verschalkt en 't offer van uw list,

Verrijze er tusschen ons geen laakbre broedertwist.

Ook wil ik, wen ik eens uw Albrecht zie regeeren,

Hem mijne hulde biên, helaas! en trouw moet zweren;

Die trouw, met raad en daad, bewijzen, waar ik mag,

Mits hij rechtvaardig heersch', zich dien van zijn gezag

En macht, die allereerst der vreemden moedwil fnuike,

Maar noch gezag noch macht te verr' drijve of misbruike.

Doch, zoo 't ontworpen plan der Burgerij mishaag',

Verwacht dan, dat ik mij naar hun besluit gedraag,

Mij tegen Albrecht en zijn Knechten zal verzetten,

Moest ook het puin der stad het eerst mijn hoofd verpletten.

Ik ga, opdat in tijds het all' word' voorbereid

Tot zulk een haatlijk werk als morgen ons verbeidt.

Af.

GOSLICK, *hem naoogende.*

Hoezeer 't u smarten moog', al toont ge u des verbolgen,

Gij gaaft het op, uw stad en burgerij moet volgen,

En als mijn invloed u, verdiend of onverdiend,

Door onzen Hertog eens bejeegnen doet als vriend,

Als gij de hoflucht riekt, als u de Grooten streelen

Met eer en gunst, gij-zelf in 't hoog gezag moogt deelen,

*11

Dan vraag ik, zoo ge 't dan nog te onderfcheiden weet,
Wat ge in de heerfchappij gebruik of misbruik heet,
En of ge uw waardigheén en ambten wilt verzaken
Voor zulk een vrijheid, als wij thans in Friesland fmaken?
Uw antwoord zal dan licht geheel verfchillend zijn
Van 't geen 't nu wezen zou. — Herzien we Boudewijn;
De pijl werd naar het wit met juistheid afgefchoten;
't Gezaaide ontwikkelt zich, haast wordt de vrucht genoten.

> *Af; de vrouwen hervatten haren arbeid, onder*
> *de verfchillende gewaarwordingen, welke het*
> *voorgevallene bij haar opwekte.*

VIERDE BEDRIJF.

EERSTE TOONEEL.

Leeuwarden. 5 Augustus. Vóór de ftins van Worp en en Aucke Ksimpes Unia. Broeder PIETER *en* CLAES EPES CLAESMA.

CLAES.

Ei, ontmoet ik u hier wederom, Broeder! 't Is al vrij wat maanden geleden dat wij elkander voor het laatst zagen, niet waar?

PIETER.

Ja, Claes Epes, en federt is er ook al vrij wat voorgevallen. Geheel Westergoo heeft intufchen den Hertog Albrecht van Sakfen, onder keizerlijke goedkeuring, tot erfelijk Poteftaat aangenomen, en hem, in zijnen Veldheer en Stedehouder, Graaf Willebordt van Schomberg, gehuldigd; zelfs ook Oostergoo heeft dit gedaan, behalve alleen eenige weinige Edelen.....

CLAES.

En Leeuwarden!

PIETER.

Intufchen verdroeg die ftad zich met den Stadhouder federt hij haar belegerde.

CLAES.

Ja, fchijnbaar.

PIETER.

Zij bedong immers flechts, de fchriftelijke aanftelling van den Hertog door den Roomsch-Koning te zien, ten einde hem, en in hem den Vorst, te erkennen, en inmiddels wordt van Schomberg, federt het opbreken van het beleg, op gindfche ftins, hem door Worp Keimpes Unia ter bewoning afgeftaan, door zijnen Kapitein, Peter van Ulms, vertegenwoordigd.

CLAES.

Ja, de Uniaas hebben hem de ftins ingeruimd, niettegenftaande zij der Stad beloofden, dat zij er niemand op ontfangen zouden; doch Worp en Aucke zijn Leeuwarden immer vijandig geweest. Echte Schieringers zijn ze! die verraders! — Doch die Kapitein en zijne veertien Duitfche Knechten zijn, al wonen zij dan ook daar tegen onzen zin, ongewapend, hebben kruid noch lood, noch busfen, en zijn daarom zoo goed als in onze macht.

PIETER.

Westergoo is middelerwijl van Walthaus benden verlost, en het plunderen, branden, en moorden, houdt — Gode zij dank! — daar eindelijk op. — Ik ben hier, om eenen last van onzen Prior te volbrengen, welke ons Klooster-alleen aangaat, maar gij, — zoo gij het mij zeggen kunt en wilt, — hoe en waarom zijt gij hier? — Duid het mij niet ten kwade, zoo ik, die in het wedervaren van eenen ouden bekende altijd belang ftel, u al te nieuwsgierig toefchijn.

CLAES.

Waarom zou ik het u verbergen? Hoor, Broeder, gij
kent mij, en ik zeide u reeds voorheen, dat ik ook wat wil
te zeggen hebben, en niet door elkeen, dien men mij op-
dringt, geregeerd worden. Daarom heb ik Bolsward, toen
het Sakfisch werd, verlaten, en mij hier in Leeuwarden met
der woon nedergezet, en draag nu, als Knecht in dienst van
die Stad, de wapenen, voor Leeuwarden, voor Groningen,
voor onze Vrijheid, — en, weg met den Hertog!

PIETER.

Maar diens aanstelling is immers aangekomen en door Graaf
Willebordt aan uwe Gemachtigden vertoond geworden: alzoo.....

CLAES.

Ja, maar wij Burgers hebben die niet in orde bevonden;
en — geloof mij — al werd zij nog tienmaal, ja duizendmaal,
veranderd en naar onze aanmerkingen gewijzigd, wij zullen
er altijd nog iets in te verbeteren hebben, en — Albrecht
nimmer tot Potestaat aannemen.

PIETER.

Maar wilt gij dan met het hoofd tegen den muur loopen?
Leeuwarden-alleen kan hem toch op den duur niet wederstaan.

CLAES.

Dat zullen wij nog eens zien. Zoo die Kapitein dáár zich
roert, zullen wij hem spoedig een kop kleiner maken. Ook
wachten wij eenige honderden Knechten van Groningen;
Johan van Itterfum, Drost van Salland, zal hen aanvoe-
ren, — en eenen hoop Woudlieden, kaerels als reuzen, zegt

men. Laten zij maar eens hier zijn, dan fpreken wij uwen
Graaf nader. — Maar welk een rumoer?

TWEEDE TOONEEL.

De vorigen, Hoitze Wijbes, *meerdere, zoo
gewapende als ongewapende* Burgers.

CLAES.

Heidaar, Mannen, wat is er te doen?

HOITZE.

Verraad!

BURGERS.

Verraad! verraad!

HOITZE.

Er is een wagen met botervaten en riet voor Unia aangekomen. Mijn jonge, die met andere kinderen bij den wagen
liep fpelen, zag het eerst, dat er in elke rietfchoof eene
haakbus verborgen was en kwam het mij dadelijk zeggen; en
toen hebben wij het, allen, gezien; de haakbusfen zoowel
als het kruid en de kogels, die in de vaten gekuipt waren
en voor boter doorgaan moesten. De fpongaten hadden zij,
om ons des te beter te misleiden, met boter befmeerd, en
twee Raadsleden van Sneek op den wagen gezet, om alle
kwaad vermoeden weg te nemen. — Kruid en lood, en busfen, wilden zij op Unia brengen! Dat is immers tegen het
verdrag! Dat is verraad! — En wie weet hoeveel wapen-
en oorlogstuig er al op de ftins verborgen is!

CLAES.

Dat moeten wij onderzoeken.

HOITZE.

Juist, juist. Daarom kwamen wij ook hier. Wilt gij aan-
kloppen, Claes Epes?

CLAES.

Ja, Hoitze Wijbes. (*Treedt door de voorpoort op de brug
en klopt aan.*)

DERDE TOONEEL.

DE VORIGEN, PETER VAN ULMS, *op de brug.*

VAN ULMS.

Wat begeert gij, Mannen?

CLAES.

Wij willen op de ftins, Kapitein; wij willen zien, of gij
er wapenen, of gij er busfen op hebt.

VAN ULMS.

Dat weet gij immers wel beter, Burgers. Er is noch bus,
noch eenig ander wapen, onze eigene zwaarden uitgezonderd,
op het huis voorhanden. Wilt gij het onderzoeken, ik zal
en kan het niet weren, en ben bereid u in te laten; doch
waartoe zal het dienen? Ik ben een eerlijke Duitscher, en
op mijn woord.....

CLAES.

Al praatjes genoeg, oude Heer. Gij zijt toch tot geen
ander oogmerk hier, dan om ons aan uwen Graaf van
Schomberg te verraden. Laat ons in, of!

VAN ULMS.

Laten drie of vier uwer dan inkomen.

CLAES.

Dan waren wij in uwe macht, en gij moet in de onze zijn. Wij willen allen, allen te zamen, op het huis.

BURGERS.

Allen, allen!

VAN ULMS.

Het zij dan zoo. Ik kan gerust zijn. Ik ken mij zelven aan geenerlei overtreding van het tusschen Leeuwarden en mijnen Veldheer gesloten verdrag schuldig. Ik heb der Stad gezworen, niets tegen haar te zullen ondernemen, en was en blijf mijnen eed getrouw. Treedt dan binnen, ik zal u voorgaan; maar onthoudt u van alle gewelddadigheden.

CLAES.

Dat zullen wij, zoo wij niets verdachts ontmoeten; mijne hand er op.

Terwijl eenige Burgers zich tot Claes begeven en met hem en van Ulms binnengaan, zegt

HOITSE, *tegen de anderen, die hen willen volgen.*

Wat dunkt u? eene schoone gelegenheid om ons dien ouden kaerel met alle die moffen kwijt te maken! Laten wij hen volgen, en..... (*Maakt eene beweging als of hij iemand ter neder sliet.*)

PIETER.

Burgers! wat wilt gij doen? ook aan zijnen vijand moet men woord houden, en gij beloofdet den grijzen Krijgsman, geen geweld te zullen plegen. Zelfs den grootsten misdadiger mag men niet ongehoord veroordeelen, en gij zoudt een man vermoorden.....

HOITZE.

Die zich, al zijn er dan ook nu geene wapenen op de
ftins, toch tegen ons gewapend hebben zou, wanneer mijn
jonge er niet achter gekomen was. Kan hij zeggen: fiouwer
lotter claer liepaayen, op in finne horne in ien nest? Neen!
't is een vreemdeling, aan wien ik niets beloofd heb, een
verrader, die niet waardig is dat men hem woord houdt.
Kortom, 't is een Schieringer, en weg met de Schieringers!

BURGERS.

Ja, ja! weg met de Schieringers!

HOITZE.

(*Tegen Pieter.*) Laat eene mis voor zijne arme ziel lezen, Broeder: hij is er geweest! (*Tegen de Burgers.*)
Koomt, Mannen, weg met die verraders, die Schieringers!

BURGERS.

Weg met hen! (*Met Hoitze op de ftins.*)

PIETER.

O goede Hemel, dat ik het verhinderen konde, zoo zij
inderdaad..... Weder nieuwe redenen tot misnoegen voor
den Stedehouder, — nieuwe aanleiding om deze ftad te
kwellen! Van Schomberg zal zulk eene gruwzame daad, zulk
eene beleediging voor hem en voor den Hertog, niet onge-
wroken laten. Hij kan het niet. — Doch waarom ook dien
wagen..... (*Groot gerucht op de ftins.*) Welk een gerucht! — Ik hoor tieren, — dreigen, — kermen! — (*Luistert fcherper en van naderbij.*) Nog al. — Nu houdt het
op, — neen! — zij juichen! — Zou waarlijk de Hopman
met de zijnen mishandeld — vermoord zijn? — Vermoord! —
Wees dan, o God, hunner zielen genadig. (*Bidt in ftilte.*)

VIERDE TOONEEL.

Broeder PIETER, HOITZE, *met eenige* BURGERS *terug.*

BURGERS.

Hoezee! hoezee!

HOITZE, *tegen Pieter.*

De Hopman ligt er al toe, met drie van zijn Gezelfchap, en de overigen zijn er ook niet heelshuids afgekomen. De wijven huilen en jammeren; de oude van van Ulms, als een hiemhond, boven allen uit; maar het is nu niet anders! (*Tegen de Burgers.*) Nu, Mannen, zoo als ik u zeide: mokers en breekijzers gehaald: er moet van Unia ook niet één fteen op den anderen blijven: dan zijn wij veilig, en het is toch maar eens vijands eigendom. Claes Epes en de zijnen zullen intufchen de elf overige fchurken binden. Koomt, Mannen, neder met Unia, den dwingnagel van Leeuwarden! (*Af.*)

BURGERS.

Weg met Unia! weg met Unia! hoezee! (*Af.*)

PIETER.

Laat ik mij haasten, des Priors last te volbrengen en naar ons Kloofter terug te keeren. Ik zal dan ten minfte die gruwelen niet behoeven te aanfchouwen, welke ik (helaas!) noch voorkomen, noch verhinderen kan. Leeuwarden! ook deze dag zal u op tranen en bloed te ftaan komen! doch, Algoede! kan het zijn, wreek dan de misdaden der vaderen op de kinderen niet! (*Af.*)

VIJFDE TOONEEL.

Bolsward. Eenige uren later. Tegen den avond. Vorige
zaal op Jonghamahuis.

GOSLICK, *alleen.*

Zoo, Bolsward, zijt gij weêr in Jonghamaas geweld;
Dien Ridder, reeds tot Raad des Hertogs aangesteld,
Herzaagt ge, mijne Stad, en eedler dan te voren.
Mijn vijand is gevloôn, of zag zich 't hart doorboren, —
Hoe zwelt het mijn van vreugd bij zijnen ondergang!
En zeker stijg ik nog in aanzien; eer en rang,
En, wat mijn glorie nog benevelt, moet verdwijnen;
Wanneer wij Albrecht-zelf in Friesland zien verschijnen.
Maar wat mag de oorzaak zijn dat Schomberg mij koomt zien?
Wat onderwond ik mij, dat ik deze eer verdien'?
Zou..... doch daar is hij.

ZESDE TOONEEL.

GOSLICK, WILLEBORDT VAN SCHOMBERG, BOCKE.

VAN SCHOMBERG.

       Heer, 't moge u verwondring baren;
Dat ik alhier verschijn, doch laat mij 't u verklaren.
In Sneek blijft niets geheim van 't geen ik zeg of doe;
't Wordt straks alom verbreid, elk voegt er 't zijne aan toe
En doet mijn' vijanden er kennis van bekomen.
Die onbescheidenheid staat hier mij niet te schromen:
Ontgaat ook dit bezoek den Sneeker argwaan niet,
Ten minste worden wij beluisterd, noch bespied,
In Bolsward, Jonghama; dat deed mij Sneek ontsnellen,
Gij ziet door Harinxma, uw zwager, mij verzellen,

Want hij ook is mijn steun, als gij, — mijn rechterhand,
En beiden meent ge 't goed met Vorst en Vaderland.
Maar, zetten we ons.

Goslick biedt hem een zetel aan en hij zet zich.
Vervolgens nemen Goslick en Booke, ieder
voor zich, een zitbankje, maar zetten zich
niet voordat van Schomberg gezegd heeft:

Indien het u behaagt, Mijnheeren.

GOSLICK.

Wat is, doorluchte Graaf, uw willen, of begeeren?

VAN SCHOMBERG.

Leeuwarden blijft ons nog hardnekkig wederstaan
En neemt den Hertog niet tot haar gebieder aan,
Hoewel ik, als ge weet, den meesten vlijt besteedde,
Om, door de zachtste taal, de honigzoetste rede,
Die trotsche Stad, zoo stout op haar verkeerd beleid,
Op haren moed en macht, en onafhanklijkheid, —
Waar zij, die Groningen gedurig ziet naar de oogen,
Nogthans met waarheid niet op roemen kan en bogen, —
Op onzen Hertog zij te brengen, maar om niet.
Het is haar Graauw vooral, dat steeds ons van zich stiet,
Nog immer ons beschimpt en lastert naar believen,
En weinig zich bekreunt om keizerlijke brieven,
Wier klaren zin 't ontkent, verduistert of verplooit;
Vrijwillig, in één woord, erkennen ze Albrecht nooit.
'k Heb ook vergeefs beproefd, de norsche Stedelingen
Daartoe uit Cammingha en Unia te dwingen:
Der Benden toch, door mij op Cammingha gelegd,
Is 't komen in de stad bij raadsbesluit ontzegd,

En Unia, — al mocht mijn krijgsfortuin gehangen,
Dat ik er kruid en lood, en buskan, op deed brengen
Met list en in 't geheim, wat ik, juist dezen dag,
Beproeven zal, o ja, in weêrwil van 't verdrag,
Dat mij niet langer bindt, daar ik het acht verbroken
Door vijanden, die meê mij heimelijk bestoken,
En staâg hun kwade trouw ons blijken doen, — nogthans
Bestaat er — 'k moet het u bekennen — luttel kans,
Dat Unia de Stad in onze macht doet vallen,
Zou 't des niet dienstig en hoog noodig zijn, haar wallen
Op nieuw te omsinglen? haar te dwingen met het zwaard,
Dat zij me als Opperhoofd in Albrechts plaats aanvaard'?
Opdat we dus 't ontwerp van Groningen voorkomen,
'Twelk, als het waar is, wat ik gistren heb vernomen,
En niet betwijflen durf, er reeds op is bedacht,
Haar bij te staan met eene aanzienlijke Oorlogsmacht.
Indien toch dat geschiedt, zoo staat ons meê te vreezen,
Dat ook de Wondman weêr zal wrokken als voordezen,
De wapens grijpen, en gewis zich niet ontzien,
Mijn' vijanden de hand tot een verbond te biên,
Dat, wen we ons waar belang behartigen, mijn Vrinden;
En dat des Hertogs, nooit of nimmer plaats mag vinden.
Men handle, en handel' ras: want ieder uitstel schaadt. —
Wat meent er Goslick van? hij dien' me 't eerst van raad,

GOSLICK.

'k Verklaar mij vóór 't beleg: men moet haar weêrstand stuiten,
Haar dwingen, zich voortaan meer onderwerplijk te uiten,
En u te ontfangen als den Hertog-zelven, Graaf,
Of anders vrees, dat nog haar stoutheid hooger draaf?

En meerdren met het gif der muitzucht zal befmetten.

Zij moet bezwijken, mag niet langer zich verzetten.

'k Herhaal 't nog eens: zij zwichte, opdat niet binnen kort

Het voorbeeld dat zij geeft een wet voor andren word'.

VAN SCHOMBERG.

En gij, Heer Harinxma, zoudt gij het ook zoo meenen?

BOOKE.

Ik moet, Heer Graaf, geheel met Goslick mij vereenen.

't Is ook mijn hartewensch, dat eens Leeuwarden bukk'

En dat men Groningen zijn laatften fteun ontrukk'

In Westerland, dat nooit volkomen wordt bedwongen;

Tenzij der Hoofdftad eerst uw juk worde opgedrongen.

Wij beiden zullen, zoo uw wil 't ons niet ontzegg',

Met Bolsward en mijn Sneek u bijftaan in 't beleg,

En mogen, naar ik meen, op de overwinning hopen:

Want Groningen zal ras het ftellen op een loopen,

Al pocht het nog zoo weids, al fchreeuwt het nog zoo luid,

En Leeuwarden-alleen houdt nooit uw aanval uit.

VAN SCHOMBERG.

Wilt beiden mijnen dank voor uwen raad ontfangen.

Maar nu, hoe treffen wij het doel? vanwaar erlangen

Mijn Benden, wat den moed des krijgsmans fteunt en ftijft,

En de echte zenuw van het oorlog is en blijft?

Goud blijve aan onze zaak mijne Oorlogsknechten fnoeren:

't Is ijdel, zonder goud, Mijnheeren, krijg te voeren.

GOSLICK.

Men kan den Landzaat weêr te zijnen koste ontbiên.

VAN SCHOMBERG.

O ja, — om nooit een einde aan dat beleg te zien,

En onder een geftaâg — onafgebroken morren
Van hem, wien 't oorlog walgt, zoodra de kogels fnorren;
In laffe werkloosheid den overkostbren tijd
Te flijten, daar men hem niet voeren durft ten ftrijd,
En tevens vreezen moet, dat, wordt hij aangegrepen,
Hij vliên, en in zijn vlucht den Veldheer meê zal flepen,
Of, de Overften, wier deugd niet in zijn lafheid deelt,
Verlatende, ze dus in 's vijands handen fpeelt!

BOCKE.

Is dan de Fries zoo laf? 't is anders u gebleken,
Bij Laexens, fchoon hij daar voor Sakfen is bezweken;
Bij Ranwerd, waâr uw arm de zege almeê bevocht,
Maar zijne neêrlaag ook een zege heeten mocht;
Waar Bonne, toen uw zwaard dien jongeling deed fneven;
Ook toen Leeuwardens vaan nog niet wilde overgeven,
Zich met het doek omrolde, en 't in zijn tanden nam,
Die gij verbrijflen moest, eer haar uw knecht bekwam.

VAN SCHOMBERG.

Die daad was edel, groot; ik blijf haar immer eeren;
Maar, moge uw Landgenoot dan ook geen moed ontberen,
Toch weet ik, dat zijn deugd mij niets of weinig baat,
Waar een geregeld heer mij tegenoverftaat,
Dat van der jeugd af aan de bus en 't zwaard hanteerde
En, jaren lang, in 't veld, de kunst des oorlogs leerde;
Een heer, àls Groningen, dat mij en Albrecht kent,
Wen 't ons beftrijden wil, voorzeker herwaarts zendt.
Gelooft mij, zal ik dat met goed geluk bevechten,
Laat dan uw Landzaat t' huis en fchaft mij andre Knechten.
Ja, ware 't nog een krijg voor eigen have en haard,

Voor gade en kroost, en wat ons heilig is op aard,
Of voor een Vaderland en Koning, niet te fcheiden
In 't hart der burgerij, waar wij den Fries toe leidden,
Waarin de geestdrift, meer dan de eigentlijke moed,
Soldaten fchept en vormt, en fomtijds wondren doet,
Dan, en ook dan alleen, zoudt gij mij vaardig vinden,
Met uwen Landzaat mij het oorlog te onderwinden;
Niet voor een vreemde zaak, die hij in 't hart verfoeit,
En voor een uitlandsch Prins, waar hem geen liefde aan boeit.
Neen, Bocke, al mocht zijn moed, zoo hoog door u geprezen,
Nog duizend malen, nog oneindig grooter, wezen;
Al waar' hij tot mijn dienst zoo willig en gereed,
Als ik hem daarvan thans wars en onwillig weet. —
    Ik kan, gelijk gij hoort, mijn meening niet verbloemen,
En mooglijk zult ge mij al te openhartig noemen:
Ik ben het ook misfchien, maar 't veinzen kleedt mij flecht
En is mij ongewoon; alzoo, ronduit gezegd;
Mijnheeren, fchaft mij goud, zoo ik iets uit zal richten,
Zoo 't fiere Leeuwarden voor onzen Heer moet zwichten.
Ziet, daarvoor werf ik ras mij Krijgsliên: in Euroop
Is overal, voor goud, het menfchenvleesch te koop,
En 't zal den Veldheer aan Soldaten nooit ontbreken,
Wanneer hij met een tong van goud vermag te fpreken.
Alzoo.....

                    BOCKE.
    't Zij verr' van mij dat ik uw meenig wraak,

Maar —

                    GOSLICK.
    'k Wil wat mooglijk is voor onzen Hertogs zaak

En wijl het, Graaf, u welgevallig is, beproeven;
Doch —

VAN SCHOMBERG.

Wat al woorden! goud, dat is 't geen wij behoeven.

BOCKE.

Maar 't Land is uitgeput en heeft zoo veel geleên.

GOSLICK.

Alle akkers liggen braak, en 't goud —

VAN SCHOMBERG.

Welnu?

BOCKE.

't Verdween.

VAN SCHOMBERG.

En de Eedlen.....

BOCKE.

Leden met den Landman.....

GOSLICK.

In hun goederen.

VAN SCHOMBERG.

Men fchrijve een fchatting uit.

GOSLICK.

't Verbittert de gemoederen.

En waarlijk.....

ZEVENDE TOONEEL.

DE VORIGEN, *een* KNECHT *met eenen brief.*

KNECHT.

Voor den Graaf; de brenger fprak: terftond
Moest hij 't ontfangen.

* 12

VAN SCHOMBERG.

Geef!

KNECHT, *den' brief overhandigende.*

En waar hij zich bevond.

Af.

VAN SCHOMBERG, *na gelezen te hebben.*

Hoenu, wat lees ik? wat! van Ulms niet meer in leven
En Unia gesloopt!

Rijst driftig op. Ook Goslick en Bocke staan op.

Moogt gij mij nog weêrstreven?

Gij hoort, dat Leeuwarden zich opentlijk verzet: ·
Wat redeneeren wij? op! Saksen! 't zij verplet!
Geen uitstel geef ik, ras moet ik de moorders straffen!
En zoo ge mij geen goud, gij Heeren, kunt verschaffen,
Dan weet ik zelf er naar te zoeken, en ik zweer,
Ik zal het vinden, en ontzie noch Boer noch Heer!

GOSLICK.

All' wat mijn middlen, hoe bekrompen ook, gehengen,
Zal — op mijn ridderwoord — zal ik te zamenbrengen.

VAN SCHOMBERG, *tegen Bocke.*

En Sneek? — Nu, Harinxma?

BOCKE.

Zal leevren — wat het mag.

VAN SCHOMBERG.

Is dat zich houden aan zijne eeden, aan 't verdrag!

Tegen Goslick.

Ik dacht nog breeder u.... maar 'k voel me in woede ontblaken!

Tegen Bocke.

Koom, spoeden we ons terug: ik zal het spreken staken

En handlen, handlen ja, en handelen-alleen!

Maar wee u, Muiters, wen 'k als wreker op zal treên!

U geeslen, tot u 't bloed in stroomen zal ontvloeien!

Met beulen zal ik u, met beulen en met boeien,

Met roeden, galg en rad, bevechten, u..... ik spreek

Te lang, te veel! op, op! Koom, Harinxma, naar Sneek!

Zoodra ik wederom van Vollenhoof mag scheiden,

Waar me Utrechts Bisschop en de Groningers verbeiden

Met Campen, Deventer, en Zwolle, opdat ik daar

Mijns Hertogs aanspraak en zijn rechten hun verklaar',

Tegen Goslick.

Zal ik hen straffen! Heer! 'k zeg: goud!

GOSLICK.

Ik zal het pogen,

En de onverjaarbre haat zal eindloos veel vermogen. —

Van Schomberg en Bocke af.

Leeuwarden, dat weleer te roekloos dien ontstaakt,

Beef! heeft het eerst beleg u machtiger gemaakt,

Het tweede zweren wij zoo licht niet op te heffen,

En 't geen u thans bedreigt zal des te zwaarder treffen,

En — wisser!

ACHTSTE TOONEEL.

GOSLICK, WIJTS, SIJTS.

SIJTS, tegen Wijts, in het opkomen.

Waarom toch me in deze zaal gevoerd.

WIJTS, Goslick bespeurende.

Tegen Sijts.   *Tegen Goslick.*

Stil! — Straks. Wat deert u, Zoon? gij schijnt geheel ontroerd.

GOSLICK.

'k Verhaal het u hierna, als de onrust is geweken.
Thans ga ik.

WIJTS.

Nog zoo laat?

GOSLICK.

'k Moet all' mijn vrienden fpreken:
Gij ziet zoo fpoedig mij niet weder; laat mij gaan,
'k Zal bij mijn wederkoomst u alles doen verftaan.

Af.

WIJTS, *tegen Sijts.*

Een jongling wil u zien. In dezen wal gekomen;
Om u, heeft hij nogthans het eerst naar mij vernomen;
En vurig mij gebeên, dat ik het toeftaan zou.
Bewogen met zijn fmart, verteederd door zijn rouw;
Heb ik 't hem toegezegd, mits ik er bij zou wezen.
Wij hebben voor geen fpiên in dit vertrek te vreezen:
Ik heb daarvoor gezorgd; ducht ook uw vader niet,
En — hoor uw minnaar vrij, daar 't met mijn wil gefchiedt.

SIJTS.

Grootmoeder! zou Johan?

NEGENDE TOONEEL.

WIJTS, SIJTS, JOHAN.

JOHAN.

Gij ziet hem aan uw voeten;
Ik moest, mijn Eenige, nog eenmaal u ontmoeten,
Nog eenmaal, ach! gewis voor d' allerlaatften keer;
Na dezen zien we op aarde elkander nimmer weêr!

SIJTS.

Wat hoopelooze taal! Wat doet die ramp u duchten;
En weder, mijn Johan, u zoo onmanlijk zuchten?

JOHAN.

Onmanlijk? ja, 't kan zijn, maar door de Liefde-alleen;
't Is aan uw voeten, in uwe armen, dat ik ween,
Niet, als het harnas mij gegespt is om de leden,
En ik op 't oorlogsveld den Dood moet tegentreden.

SIJTS.

Waar toefdet ge all' dien tijd? Johan, ontdek het mij.

JOHAN.

Bij uwen vijand niet; thans, aan mijns vaders zij,
Om met dien vader, door den uwen wreed verstooten, —
Door d' uwen, die den Saks, die Albrechts vloekgenooten
De vrijheid van ons Land zoo schendig heeft verkocht,
En zijne grootheid slechts in zulk een handel zocht, —

SIJTS, *smeekende.*

Och zwijg, zwijg!

JOHAN.

Kan 't geschiën, haar weder te verwerven,
Die vrijheid, of, op 't puin van Leeuwarden te sterven.

SIJTS.

Hoe! wil dan nog die Stad?....

JOHAN.

Wat doenlijk is, bestaan,
Om 't onverdraaglijk juk des vreemdelings te ontgaan.
Den weg tot elk verdrag heeft zij zich afgesneden;
Een wraakzucht opgewekt, die nimmer wordt verbeden,
Door 't schenden van den zoen, haar opgelegd met dwang.

Verwint zij niet, dan treur om haren ondergang.

Haast vangt een tijdperk aan, van ramporkanen zwanger;

Nog weinig dagen maar, en Schomberg zal niet langer

Den toorn, die zeker reeds ontvlamde in zijn gemoed

En niet wordt uitgebluscht dan door ons-aller bloed,

Betoomen, maar de ſtad beleegren en omringen,

Om haar te vuur en zwaard tot zijnen wil te dwingen.

Dan ſchouwt gij hem, den ſtrijd op leven en op dood,

Waar alles in vergaat wat haar zijn bijſtand bood,

Tenzij men nog den Saks uit Friesland kon verjagen,

't Geen nooit gelukken zal; dan word ook ik verſlagen, —

En 't zij zoo, ſlechts met eer! ja, Teêrgeliefde, ik ſterf,

Volgaarne zelfs, die dood, daar 'k u toch immer derf.

Maar eens nog, vóór dien ſtond, moest u Johan doen weten;

Dat hij getrouw u bleef, u nimmer heeft vergeten,

U nooit vergeten zal, in welk geheimvol oord

De ziel verhuizen moog', wanneer men 't lichaam moordt!

SIJTS.

O neen! zóó zal 't niet zijn: indien ik u moet derven;

Dan volg ik ook u ras. Mocht ik vrijwillig ſterven,

Ik gaf mij zelf de dood; maar 'k mag dat niet, mijn Vrind;

Opdat mijn ziel terſtond haar ander ik hervind'.

Doch niettemin zal 't uur, dat u mij mag ontrukken

De ſchicht des doods vanzelf mij in het harte drukken

En Gods barmhartigheid, die all' mijn toevlucht is,

Verg' nimmer, dat ik leef' nadat ik alles mis.

Doch zoo mijn vader meê zich legert vóór die wallen.....

JOHAN.

Dat zal hij, maar, mijn Sijts, hem zal ik niet doen vallen.

Ik zweer 't u! Zoo ik hem op 't oorlogsveld ontmoet,
Zal ik gewis mijn hand niet doopen in zijn bloed,
Maar liever, zelf, mij bloot aan zijne flagen ftellen:
Hij is uw vader toch.

SIJTS.

Maar ik zal hem verzellen
En zorgen, dat hij u daar niet bejegenen kan.
Mijn tranen zullen hem beletten, mijn Johan
Te naadren; 'k noodzaak hem, mijns jammers zich te erbarmen.
Ik zal hem knellen, 'k zal hem boeien in deze armen,
Of — met hem in 't gevecht mij fpoeden, waar mijn borst
Het opvang', zoo hij 't zwaard op Waltha richten dorst;
Indien hij ooit een kind, hem eertijds nagelaten
Door een beminde gâ, zoo zeer zou kunnen haten
Dat hij 't vermoorden wilde in u, zijn haatlijk ftaal
Mocht willen drukken in het hart van mijn gemaal:
Want die zijt gij-alleen: want, wie het mocht verlangen;
Geen ander man dan gij zal ooit mijn hand ontfangen,
Hier, noch hier namaals, op deze aarde niet, o neen;
Noch ergens elders: u behoor ik, u-alleen!

JOHAN.

God! dat is zaligheid. Omhels mij, mijne Gade!

Lange omhelzing. Eindelijk rukt hij zich los.

Vaarwel!

SIJTS.

Wilt gij reeds gaan? nog is het niet zoo fpade;
Zingt niet de leeuwrik nog in onzen hof?

JOHAN.

Ik hoor

De nachtraaf flechts; zij krast, — krast mij de toekoomst vóór.

SIJTS.

Hij zingt van liefde en lust, toef, toef nog, Veelgeliefde!

JOHAN.

Haast krijscht zij om de plaats, waar 's vijands ftaal mij griefde! —

Kleine tusfchenpoos.

Ik moet! mij roept mijn woord, dat me immer heilig zij. —
Geen ander dan Johan?

SIJTS.

Geen ander ooit dan hij!

Nogmaals eene omarming. Hij vertrekt. Zij
wankelt. Wijts vangt haar op.

VIJFDE BEDRIJF.

EERSTE TOONEEL.

*Bij Leeuwarden. 22 October. Spreekvertrek in het Kloo-
ster Fiswert.* WIJTS, SIJTS, POORTIERSTER *van het
Klooster.*

POORTIERSTER.

Heer Goslick heeft van ons uw-beider koomst vernomen;
Mevrouwen; 't antwoord was: straks zal ik tot haar komen.

Af.

SIJTS.

Zoo zijn we in Fiswert, waar ook Schomberg zich bevindt?
Dit is dat Klooster dus?

WIJTS.

Dit is het, dierbaar Kind.
Koom, plaats u aan mijn zijde, om Leeuwarden te aanschouwen.

Treden aan een venster. Tusschenpoos.

'k Voldeed aan uw verzoek, het moge u niet berouwen.

TWEEDE TOONEEL.

DE VORIGEN, GOSLICK.

GOSLICK.

Gij hier!

Omhelst beiden.

WIJTS.

Ik kon, mijn Zoon, haar beden niet weêrſtaan.
In Bolsward greep het leed haar al te hevig aan;
De ſmart verteerde uw kind en 'k mocht niet langer dralen,
Zou zij uw afzijn met haar leven niet betalen.

GOSLICK.

Dat haars Johans veeleer! ei, zegt de waarheid toch!

SIJTS.

O ſpreek, mijn Vader, leeft, o leeft mijn Waltha nog?

GOSLICK.

Van zijne dood altoos ontfing ik taal noch teeken.
Ik deed mijn woord geſtand en ben hem ſteeds ontweken,
Gelijk hij mij.

SIJTS.

Heb dank. O dat verzacht mijn leed.
Wat gruwel, zoo gij hem, of hij u ſneven deed!

WIJTS, tegen Goslick.

Maar Schomberg, die, zoo ras en binnen weinig dagen,
Naar ge ons verzekerdet, in zijn ontwerp zou ſlagen,
Ligt, negen weken reeds, vóór Leeuwarden, en ziet
Alsnog het einde van zoo licht een arbeid niet?

GOSLICK.

Die ſlechts het uiterst wacht en geen genâ kan hopen,
Zal zijnen vijand ſteeds het leven duur verkoopen.
Doch had de Woudman haar zijn bijſtand niet geboôn,
Reeds was, toen Itterſum zoo ſchandlijk is ontvloôn,
Door zijn verraad de ſtad in onze macht gevallen.
De laffe Groningers verliepen!

WIJTS.

Allen ?

GOSLICK.

Allen.

Schoon ons hun overmoed de dood gezworen had,
Verlieten ze in 't beleg, niet eenmaal zelfs, de ftad,
Om, door een uitval, ons te deren en te kwellen,
Noch durfden zich in 't veld ons tegenover ftellen.
Daar werden, kreet hun Hoofd, meer Benden nog verwacht,
En dan vervielen wij vanzelf in hunne macht,
Ja, zouden ons gewis met hen niet durven meten!
Zoo werd de tijd door hem in zwetzerij verfleten.
Maar toen hij zeker werd, dat Schombèrgs wijs beleid
Die benden opgezocht, gevonden en verfpreid,
En wat ons zwaard ontkwam weêr had naar huis gedreven,
Toen heeft de dappre Drost Leeuwarden opgegeven
En ging; wij hielden hem natuurlijk niet terug;
Wij waren nooit zoo traag, en hij was nooit zoo vlug,
Dan toen hij ons verliet, om nimmer weêr te keeren.
De Woudman echter bleef: hem uit de ftad te weren,
Had onze zwakheid, in den aanvang van 't beleg,
Den Veldheer niet vergund; zij baande hem den weg,
En 't is zijn moed alleen die nog de ftad verdedigt.
Zijn ftoutheid heeft ons vaak benadeeld en beleedigd,
En menig oord, ons trouw, geplonderd en verbrand.
Zij noodzaakte eindlijk ons, den wal, aan elken kant,
Maar zuidwaarts bovenal, met fchans aan fchans te omringen.
Een algemeene ftorm moet nu de plaats bedwingen,
Gelijk, dees morgen, ons de Graaf te kennen gaf,

En — lijde ze, in dien ftorm, de lang vertraagde ftraf.
Zij kan voorzeker hem noch afflaan; noch verduren:
Te zwak en wankel ftaan haar fel gebeukte muren,
Haar graft is overal ten halve toegedamd, —
Offchoon ook dat den moed der Woudfters niet verlamt.

SIJTS.

Ach, zou men, vóór den ftorm, haar geenen vreê vergunnen
En haar geheel bederf alzoo voorkomen kunnen?
Mijn Vader, wend daartoe uw ganfchen invloed aan.
Een ftorm! och, in dien ftorm zal ook Johan vergaan!
En niet flechts hij, maar ook onnoozle vrouwen, kinderen,
En grijsaards, die u nooit..... Och! kunt gij 't niet verhinderen?

GOSLICK.

Ik kon 't misfchien, gefterkt door Aede, die almeê
Ten ftrijd voor ons verfcheen, maar arbeidt om den vreê
En tot zachtmoedigheid van Schomberg wil bewegen,
Mits zich de ftad het eerst tot zwichten toon' genegen.
Doch, verre dat zij nog zou neigen ten verdrag,
Toont zij zich meer en meer ftrijdvaardig, elken dag.
Zij valt flechts vaker uit, naar wij haar meer benaauwen,
En fchoon ze ons oogmerk kent, het doet haar niet verflaauwen;
't Vergroot veeleer haar moed; haar weêrftand groeit elk uur,
En grijpt geftaêg ons aan, als een verflindend vuur,.....

DERDE TOONEEL.

DE VORIGEN, VAN SCHOMBERG, GEVOLG.

VAN SCHOMBERG.

Te wapen, Goslick, op! de Steedling ftroomt naar buiten,
't Is Ziegler, dien hij dreigt, en tijd dat wij hem fluiten;

Hij trekt op Huizum aan, en bij Sint Jacobs poort
Is 't net, dat hem omgaf, verbroken, fpoedig! voort!

GOSLICK.

Ik volg u, Graaf. Vaartwel! (*Tegen Wijts en Sijts.*)

SIJTS.

Laat mij u nogmaals fmeeken.....

GOSLICK.

Ook nu zal ik mijn woord, mijn Dochter, niet verbreken.

*Af, met van Schomberg en Gevolg. Trompet-
gefchal, enz.*

WIJTS.

Welnu, wat hielp het ons hier heen te trekken, waar
Wij ieder oogenblik verkeeren in gevaar?
Wat zoude ons noodlot zijn, kwam ons de vijand nader?
En wat toch kunt gij meer verwachten van uw vader,
Dan, dat hij Waltha mijdt, waar hij het kan en mag?
Bekleedt hier Schomberg niet het opperfte gezag,
En moet uw vader niet, hoe zeer met u bewogen,
Den Graaf gehoorzaam zijn en, wat die wil, gedoogen?

SIJTS.

O ja, en evenwel het lenigt mijne fmart,
Hem zoo nabij te zijn. Veel kalmer flaat mijn hart
Hier, in het krijgsgewoel, dan ginds, in Bolswards muren,
Waar onze onzekerheid mij dagen fchiep uit uren.

VIERDE TOONEEL.

DE VORIGEN, PRIORIN *van Fiswert.*

PRIORIN.

Ik werd zoo even van uw hierzijn onderricht

En voelde mij meteen tot uwe dienst verplicht,
Mevrouwen. Wat ons huis vermag u aan te bieden,
Wordt thans u aangeboôn, en wat er kan geschieden
Tot uwe veiligheid, opdat u niemand krenk',
Of uwe rust verstoor', geschiedt op mijnen wenk.
't Vertrek, als Priorin mij overig gebleven,
Zij 't uwe, indien ge slechts u derwaarts wilt begeven.

WIJTS.

Uw toegenegenheid......

VIJFDE TOONEEL.

DE VORIGEN, *de* POORTIERSTER, NONNEN.

POORTIERSTER, *schier ademloos.*

De vijand!

PRIORIN.

Wat? gij raast!

POORTIERSTER.

Neen, neen! een strooptocht! vliedt! vliên we allen.

PRIORIN.

'k Sta verbaasd!

Doch schaart u om mij heen: mijn waardigheid, mijn jaren,

Tegen Wijts en Sijts.

Zal iedereen ontzien; zij zullen u bewaren.

ZESDE TOONEEL.

DE VORIGEN, *gewapende* WOUDLIEDEN.

EERSTE WOUDMAN.

Alle duivels, wat liepen die Lijfschutten van den Graaf!

TWEEDE WOUDMAN.

Ja maar zij hadden ons ook hier niet verwacht: alles is
naar Huizum. Maar houdt u niet op en pakt al wat ge
pakken kunt, Jongens! — Doch (*Op Sijts en Wijts wijzen-*
de.) ziet eens hier! Kloostergoederen?

PRIORIN.

In naam der Kerk, ontziet mijn achtbaarheid, mijne stand,
En 't Klooster, God gewijd en in Diens hoede en hand!

EERSTE WOUDMAN.

Wees gerust, eerwaarde Vrouw: aan u en uwe geestelijke
Dochteren zal geen het minste leed gedaan worden; slechts
het geen Schomberg en den Schieringers toebehoort, is prijs;
dat benadeelt den vijand, en daarom is het ons meer dan
om den roof-zelven te doen. Maar (*Weder op Sijts en*
Wijts wijzende.) deze behooren immers niet tot uwe Kloosterlingen? (*Op Sijts doelende.*) Dat aardige bekje.....

PRIORIN.

In mijn bescherming staan ze, ik ben 't, die haar beveilig;
Het zijn mijn Gasten, zij haar hoofd en eer u heilig!

TWEEDE WOUDMAN.

Nu, de onde zal ons in allen opzichte heilig zijn, maar
de jongste moge, voor eenen tijd lang ten minste, mijn
schatje wezen.

EERSTE WOUDMAN.

Daarvan nader, Taecke: 't is een bonus kommunes, Broêr-
tje, en het schijnen behalve dat Edelvrouwen. Maar onze
gevangenen zijn zij en meê naar stad moeten zij: dus, Mevrouwen.....

13

PRIORIN.

Gij grijpt het Klooster aan! ik zal 't niet dulden! gaat,
Aleer de vloek der Kerk u vóór ons nederslaat!

TWEEDE WOUDMAN.

Ei, dat zal de Kerk niet doen: want recht is recht, Eerwaardige. Wij doen wat wij mogen en nemen wat ons toe-
koomt, en dat doet de Kerk ook. Dus, vloek hier of vloek
daar, zij moeten mede: zij zijn wellicht voor ons het beste
gedeelte van den geheelen buit. (*Tegen Wijts en Sijts.*)
Alzoo, vooruit!

EERSTE WOUDMAN.

Ja, zij moeten mede: dat *is* het recht van den oorlog. Zij
kunnen zich naderhand weder lossen. (*Tegen Wijts en
Sijts.*) Koomt!

De Nonnen plaatsen zich vóór Wijts en Sijts.

TWEEDE WOUDMAN.

Uit den weg, Zusters! Kameraden, neemt haar gevangen.

PRIORIN.

'k Zeg andermaal, laat af: wij kunnen 't niet gedoogen.
Bescherm ons kloosterrecht, o Vader in den hoogen!
Uw donder treff' hem, die dit heilig kerkgebouw
Verkrachten en zijn hand durf' leggen aan een vrouw!

EERSTE WOUDMAN.

Eerwaardige, zeker het is mij leed, maar dat alles kan nu
niet helpen. Mannen, pakt aan! (*De Woudlieden stooten
de Nonnen ter zijden en grijpen Wijts en Sijts aan.*)
Daar koomt juist onze Hoofdman. Hij moge beslissen: hij is
zoo edelmoedig als dapper.

ZEVENDE TOONEEL.

DE VORIGEN, JOHAN.

SIJTS.

God! Waltha!

WIJTS.

Hij?

JOHAN.

Gij hier? wat mocht u herwaarts brengen?

Tegen de Woudlieden.

Laat af! pleegt geen geweld: ik zal het niet gehengen.

Wijts en Sijts worden losgelaten.

PRIORIN, *tegen Johan.*

Zoo gij hun Hoofdman zijt, dan vonnis in dit pleit,
Niet naar het krijgsmansrecht, maar, volgens billijkheid.
'k Herhaal het anderwerf: wacht u, haar aan te tasten.
't Eerwaardig Kloofter wordt gefchonden in zijn Gasten!

EERSTE WOUDMAN.

Hoofdman, deze Edelvrouwen — immers haar gewaad
fchijnt aan te duiden, dat zij tot den Adel behooren, — zijn
vreemd aan het kloofter, meenen wij. Wie zij eigentlijk
zijn, is ons onbekend, maar zij zijn, naar het recht des
oorlogs, onze gevangenen, denken mijne kameraden — en
ik mede.

TWEEDE WOUDMAN.

En zij zijn voorzeker in ftaat, en alzoo verplicht, zich
te loffen. En hun losgeld koomt ons toe, en hoe groot het
zijn zal, moet in de ftad bepaald worden. Wij mogen hier
niet langer vertoeven, edel Heer! De Sakfen kunnen ieder
oogenblik terugkomen, en de Graaf zal toch zijn hoofdkwartier

*13

niet in den steek laten. Ook is Camminghaburg nabij, en zoo de Bezetting van dat Blokhuis op ons uitviel, zou het er leelijk met ons kunnen uitzien; vergeef mij, dat ik het u herinner, Hoofdman!

JOHAN.

Tegen de Woudliën. Tegen Wijts en Sijts.

Ik stem 't u toe. Vergeeft, gij moet naar gindschen wal

Zacht.

Mij volgen, waar ik u beschermen kan en zal.

Tegen de Priorin.

Verschoon me, eerwaarde Vrouw, dus luiden de oorlogsrechten,
Zij zijn hun buit, ik mag het pleit niet anders slechten.

WIJTS.

Tegen Johan.

Welaan dan, voer ons meê, wij volgen u; ik weet

Tegen Sijts. Tegen Johan.

Gij moet dus handlen. Koom. Johan, wij zijn gereed.

Tegen de Kloosterlingen.

Heb dank, eerwaarde Vrouw, heb dank, gij vrome Schare,
Dat u des Hemels gunst voor verder leed beware,

Tegen de Priorin.

En, als hier Goslick keert, dan hoor hij uit uw mond,

Op Johan wijzende.

Dat in ons onheil ik aan hem een toevlucht vond.

Zij biedt Johan hare linkerhand, welke hij aan-
vaardt, terwijl hij de zijne aan Sijts biedt,
die haar ook aanneemt; alle drie groeten ver-
volgens de Priorin en vertrekken. De Woud-
lieden volgen hen. Het gordijn valt.

ACHTSTE TOONEEL.

Leeuwarden. Éénen dag later. In den voormiddag. De Oldehoofsterkerk van binnen. Het koor is gesloten. De klok luidt. GEESTELIJKEN, EDELEN, WOUDLIEDEN *en* BURGERS *zijn in het schip der kerk verspreid. Na eenig tijdsverloop treden de Olderman,* FOPPE MATTHIJSSEN UNIA, *en* MATTHIJS NIJKAMER *op, gevolgd van* BURGEMEESTEREN, SCHEPENEN, RADEN, GEZWORENEN, *en* OVERLIEDEN *der* GILDEN, *binnen Leeuwarden. Alle dezen plaatsen zich, terwijl Foppe den predikstoel beklimt, vóór en om denzelven: de Geestelijken en Edelen scharen zich ter rechter-, de Woudlieden en Burgers ter linkerzijde van den predikstoel, allen met het aangezicht naar denzelven gekeerd, zoo, dat er tusschen de twee scharen eene ledige plaats overblijft, waarop de personen, die vervolgens het woord voeren, voortreden. Als allen op hunne plaatsen zijn, houdt tevens de klok op te luiden en er heerscht eene diepe stilte. Dan begint de Olderman te spreken.*

FOPPE.

Oostfrieslands eedle Graaf, getroffen door de rampen,
Daar Westerlauwers mede, o Burgers, heeft te kampen,
Zond ons den Embder Drost, zijn Vriend en trouwen Raad,
Op wien hij Edzart zich als op zich-zelf verlaat,
Of 't hem gelukken mocht, die rampen af te weren,
Of, in een staat van heil, hij 't onheil mocht verkeeren.
Nijkamer sprak vooreerst met Schomberg, die dees wal
Nog immer met zijn wraak bedreigende is; en zal,
Zelf, u den uitslag van dat mondgesprek berichten.

Schoon uw Regeering reeds befloten heeft, te zwichten
En 't voorgefteld verdrag met Sakfen aan te gaan,
Wil ze echter daarop ook de Burgerij verftaan:
Die Burgerij toch moet, indien 't verdrag zal klemmen;
De meening van den Raad omhelzen en beftemmen.
Hoort dan Graaf Edzarts vriend; denkt, fchoon hij Sakfens recht
Erkent, en aan de zaak van Albrecht blijft gehecht,
Is Edzart, Fries als wij, ook ons op 't hoogst genegen.
Hoort eerst hem, en daarna wilt zorglijk overwegen,
Wat hij u melden zal, in onzen naam almeê;
Doch zijt bezadigd, kalm, houdt onderling den vreê,
Opdat wij inderdaad ons-aller best beramen,
En pleegt geen moedwil, diens ge u ftraks zoudt moeten fchamen:
Want, of uw meening ook verfchill' van de onze, wij
Bedoelen flechts uw heil, geliefde Burgerij.

   Hij treedt af en Nijkamer vervangt hem op den
  predikftoel.

NIJKAMER.

Bewoners dezer ftad, de Kroon der Friefche Steden,
Leeuwardens Burgerfchaar, die, wat ge ook hebt geleden,
Nog altijd even fier en met gelijken moed
Uw recht befchermen blijft, ten prijs van goed en bloed, —
O Edelliên, die haar uw bijftand hebt gefchonken
En voor haar goede zaak het harnas aangeklonken, —
Eerwaarde Geestlijkheid, die met uw raad haar dient
En, door uw beden, God haar maakt en houdt te vriend, —
O onverfchrokken, nooit bedwongen Woudbewoners,
Die enkel — vond men wel iets eedlers ooit en fchooners! —
Uit zuivre vrijheidsmin haar uwe krachten wijdt

En, gansch belangeloos, voor haar belangen ftrijdt;
Die, door uw grootfche daân in kommervolle dagen,
Zelfs uwen vijand dwongt u achting toe te dragen, —
Hoort allen, die ik acht en broederlijk bemin,
Mijn reednen aan, met gunst en met bedaarden zin.

Veroorlooft me allereerst, uw toeftand u te fchetfen;
Dat, Mannen, mag u niet beleedigen of kwetfen:
Gij toch zijt krank, en ik, die thans uw Arts moet zijn,
Gevoel mij, zal ik u ontheffen van uw pijn,
Zal wezentlijk mijn raad tot uw genezing ftrekken,
Gedwongen, onbefchroomd uw wonden op te dekken.

Wie zijt ge, vraag ik des, wie is 't, dien gij beftrijdt,
Gij, die aan 't Duitfche Rijk fteeds onderworpen zijt
En 's Westen Keizer, dien ge als Opperheer erkendet,
Zoo vaak als ge u tot hem in uw belangen wendet,
Wien ge altijd hulde bood en nog uw' fchatting geeft,
Des grooten Karels oor, als Keizer, wederftreeft?
Den Keizer, die, naar 't recht, u toegekend, o Friezen,
U immer gunde, u, zelve, een Poteftaat te kiezen,
Maar, als de woede der Partijen op uw grond
Niet éénen, algemeen, diens eerrangs waardig vond, —
Als Oostergoo den man, door Westergoo verkoren,
Een eedlen vrijen Fries, uit eerlijk bloed geboren,
Verwierp, omdat het hem een Schiering waande alleen,
En flechts in bandloosheid geluk te vinden fcheen, —
Als in heel Friesland rust te fmaken was noch vrede,
Zich wel genoodzaakt zag, voor u en in uw ftede,
Te kiezen, en genoopt, zelf, u een Poteftaat
Te fchenken, naar zijn plicht, uit vrees voor grooter kwaad,

Een Poteſtaat, die eens de binnenlandſche woede
Beperke en doove en voor een ganſchen val u hoede.
  Hij, ſloopende een Verbond, verderflijk voor dit Land,
Verkoos der Sakſen Vorst, zijn vriend en bloedverwant,
En meende, dat die keus u allen zou behagen:
Hij toch had Westergoo hem Albrecht hooren vragen,
En Albrecht had weleer zijn raad en hulp geleend
Aan Groningen, toen naauw met Oostergoo vereend:
Voorzeker kon dat Goo dus niet in Albrecht wraken,
Wat eens van Decama het moest afkeerig maken,
Zoo 't waande; o neen! veeleer zou 't nog zijn dankbaarheid
Hem toonen, die voorheen had voor het Goo gepleit,
En zoo hij — wat nogthans wij nimmer van hem hoorden
En naauwlijks denkbaar is voor iemand — in deze oorden
Aan de eene of de andere Partijſchap was verknocht,
Om 't geen hij vroeger dreef, Vetkooper heeten mocht.
Gij echter, die den wil des Keizers moest vereeren,
Verwerpt en hoont zijn vriend, en blijft: uw recht verweren,
Zoo ſpreekt ge; - een recht, voorwaar, 'twelk nooit u werd betwist,
Maar dat ge, o dwaze Hoop, niet aan te wenden wist;
'Twelk des moest overgaan in andre, in 's Keizers handen,
Ter blusſching van een vlam, die gij ſteeds voort laat branden,
Die Maximiliaan moet blusſchen, dempen wil
En zal, een ſchrikbre brand, dien hij voorzichtig ſtill',
En uitdoof' voor altijd, opdat die, na 't verteren
Van Westerlauwers, niet ook andren koom' te deren,
Door 't van zich ſchieten van zijn vonken, hier en ginds,
In oorden, nu nog kalm, doch waar het hem geenszins
Aan voedſel ſalen zou om nieuwe ellend te telen;

Bedenkt, mijn vriendschap mag de waarheid niet verhelen.

Wat Albrecht-zelf betreft, hij is een edel Vorst,
Een strijdbaar Held; voor eer en glorie gloeit zijn borst;
Zijn schatten, zijne staats- en bloedsverbindtenissen
Doen hem, wat hij ten doel zich uitkoos, zelden missen.
Hij is gestreng, voor die hem te onrecht wederstreeft,
Maar goed, grootmoedig zelfs, voor die hem 't zijne geeft.
Hij zal, zoo gij 't verlangt, voor u een vader wezen,
Door zijne dapperheid uw vijanden doen vreezen,
En door zijn wijsheid u verlossen van de ellend;
Dees Staat verheffen tot een voorspoed, ongekend
En vreemd gebleven (laas!) aan u en aan uw vaderen.
Aanschouwt slechts Westergoo, dat reeds dien tijd ziet naderen,
De roovers van zijn grond verdreven, dorpen, steên,
Zich zonnen in een bloei, die onherroeplijk scheen;
En toch herroepen werd, en immer aan zal groeien,
Den handel van heel de aarde aan zijne kusten boeien,
De vruchten van zijn bouw en veeteelt overal
Verspreiden en elk Volk het cijnsbaar maken zal.

Doch laat ons stellen, dat ge u waarlijk moet verzetten,
Niet onderworpen zijt aan keizerlijke Wetten,
En hem te recht verwerpt, dien, geenszins tot uw straf,
Maar u ten troost en heil, des Keizers wil u gaf,
Wat verder? Wilt ge dan verliezen goed en leven,
En voor dat recht op 't puin van uwe wallen sneven,
Door 's vijands zwaard, of door den honger, die op 't lest
Zal woeden, en alreeds bespeurd wordt, in dees vest,
Met heele gordelen van schansen ingesloten?
Of hoopt gij op ontzet, of hulp van Bondgenooten?

Maar hebt gij zulke nog? Vertrouwt op andren niet;
Niet op den Groninger, die immers u verried;
Niet op des Keizers zoon, die 's Vaders wil erkennen
En diens geboden niet om uw belang zal fchennen;
Niet op dien Gelder, die, door 't krijgen afgefloofd,
Geen hulp verleenen kan, hoezeer hij die belooft,
En, mocht hij bij geval haar eens verfchaffen kunnen,
U daar een prijs voor vraagt, dien gij hem niet moogt gunnen;
Niet op de voorfpraak van den Bisfchop van het Sticht,
Of op zijn banvloek, waar een Albrecht nooit voor zwicht;
Hoopt evenmin op hulp uit de omgelegen ftreken,
Wie 's Hertogs overmacht zoo duidlijk is gebleken,
Die, meê reeds afgeftreên, zich buigen voor zijn wet; —
Er is geen macht op aard, Leeuwarders, die u redt.

Op de Woudlieden wijzende.

Hun Googenooten zelfs, al konden ze u genaken,
Al moesten zij ook niet hun eigen erf bewaken,
Wat zouden ze op den duur vermogen, tegen 't heer,
Dat Albrechts goud vergroot, zoo vaak hij 't flechts begeer'?
Weest als de popel dan, die, wen de orkanen dreigen,
Zich, welberaden, kromt, de kruin ter aard gaat neigen,
Opdat hij naderhand die weder opwaarts beur',
En ftorm en blikfemvuur dus fchrander ftelt te leur;
Terwijl de koppige eik, die, ftout op eigen krachten,
't Geweld des onweêrs dorst trotfeeren en verachten,
En ftam, en tak en kruin ten hemel hield gericht,
Daar ginds, ontworteld en gefpleten, nederligt.
Redt, wat gij redden moogt, u zelven, kindren, gaden,
En ouders, in wier bloed uw vijanden zich baden,

Wanneer hun krijgsbeleid, gesterkt door de overmacht,
U dwingt te zwichten in den aanval, dien gij wacht.

   Ziedaar mijns Vorsten raad, hij siddert, bij 't beseffen
Van 't gruwzaam noodlot, dat onmisbaar u zal treffen;
Hij smeekt u thans, door mij, te luistren naar verdrag,
Dewijl geen moed, geen deugd, u langer helpen mag,
Daar gij verloren zijt, nu allen u verlaten,
Wijl alles u ontzinkt en niets u meer kan baten!

   Des Hertogs Veldheer vraagt het allerzwaarste u niet,
Daar zijne gramschap zich door mij vermurwen liet.
Verwonderd was ik zelfs, dat hij niets meerders vergde
Van zijnen vijand, die zoo lang en bits hem tergde,
En waarlijk al te fel zijn goedheid heeft gehoond;
Die, schijnbaar, zich met hem bevredigd heeft betoond,
En echter, toen hij 't minst een gruwelstuk verwachtte,
Het zwaard weêr opgreep en zijn vriend en Hopman slachtte,
Wien gij een snoode list, zoo gij ten minste 't heet,
Nooit door van Ulms beraamd, onschuldig boeten deedt.

   Hoort uit dit schrift, door mij van Schomberg-zelf ontvangen,
Wat hij en Saksens Vorst van Leeuwarden verlangen.

   » Leeuwarden neme den Hertog tot erfelijk Potestaat
aan, op de bekende voorwaarden. Het doe voor 's
Hertogs Stedehouder eenen voetval, blootshoofds en
barrevoets, of koope dien af voor veertienduizend Rijn-
sche guldens. Het zal, ten eeuwigen dage, twee missen
's weeks lezen doen voor den Hopman en diens Knechten, die op Uniahuis zijn omgebracht, en daarenboven
aan des Hopmans weduwe en hare kinderen tweehonderd goudguldens in de hand geven. Het zal Unia

weder herftellen, naar des Eigenaars genoegen; of
hem de fchade vergoeden. Eindelijk zal het den Vorst
gunnen, een huis te doen bouwen, binnen de wallen,
waar het hem gelieft, zoo fterk hij het verlangt, en
op kosten van de Stad, aan welke hij echter de daartoe benoodigde gelden voorfchieten zal."

Ziedaar wat hij van u, o Burgerij, verwacht;
't Is billijk inderdaad, indien gij 't wel betracht.

Treedt van den predikftoel af.

Claes, *treedt vóór.*

En zoo zouden de Schieringers dan op de Vetkoopers zegepralen! Zoudt gij zulks, in uwe ftad, dulden, Burgers
van Leeuwarden?

Hoitze, *treedt mede vóór.*

Neen, nimmer, voorzeker niet!

Burgers, *onfluimig.*

Nimmer, nimmer! weg met de Schieringers!

Gemompel en beweging onder de Burgers.

Overste *der Woudlieden treedt vóór.*

Wat, Burgers, ons betreft, wij raden u, te zwichten;
Wat toch zoudt gij nog meer, wat verders wij verrichten?
Wat blijft ons, dan, verdrukt door 't overmachtig heer
Des vijands, op den wal te fneuvelen met eer?
Wij zullen, daartoe ook, ons u getrouw betoonen,
Maar liever bidden we u, wilt u daar van verfchoonen,
En de uwen; geeft het op. Wij, vragen dit-alleen:
Men voere in veiligheid ons weder woudwaarts heen.
Bedingt dat bij den Graaf voor onze dienstbetooning;
Wij vergen, Burgers, u geene andere belooning.

't Verdrag voor 't ovrige is aanneemlijk: des — ſlaat toe, —
Maar, zoo ge ſtrijden wilt, wij zijn niet ſtrijdensmoê.

HOITZE.

En nog pas gisteren hebben wij het hoofdkwartier van
Schomberg overrompeld, en, tot aan Huizum toe, door
geheel zijn leger ſchrik en ontſteltenis verſpreid! En nu
zouden wij ons zoo maar overgeven, op zulke harde, ver-
nederende voorwaarden?

CLAES *en anderen.*

Neen, neen!

HOITZE.

En hebben we gisteren niet vrij wat levensmiddelen bin-
nengehaald? en is er niet nog waters genoeg om te drinken?
Wat praat men dan van hongersnood en gebrek? wij kunnen
het wel zonder Groninger kluin doen!

CLAES.

Èn wie zal alles, wat er te betalen zijn zal, eindelijk betalen moeten? Gij, Burgers, en niemand anders dan gij!
De kosten zijn voor u: de armen moeten het kruis dragen,
de rijken geven niets: deux aas en heeft niet, ſix cinq en
geeft niet, quaterdrij, die helpen vrij!

> *Wederom gemompel en beweging onder het Volk.*

HOITZE.

En daarom volgehouden, tot men ons ontzet en weg met
Albrecht, Schomberg, en de Sakſers, en weg met de Schieringers!

BURGERS.

Ja, weg met de Schieringers!

*Tjerck, die zich inmiddels met
de overige Edelen beraden heeft,
treedt tot den Olderman.*

Veroorlooft gij?

Foppe.

O ja.

Tjerck, op den predikstoel.

O Burgers, de Eedlen meenen,
Wij moeten aan 't verdrag, zoo 't ligt, gehoor verleenen,
En, zoo die meening thans uw bijval niet verwerft,
Dan weet, dat gij voortaan der Eedlen bijstand derft,
En ziet, of gij-alleen Graaf Schomberg kunt verjagen.
Van 't geen door Edzarts Raad ons hier werd voorgedragen
En tegen Frieslands eer en vrijdom is gezegd,
Werd mooglijk veel, zeer veel, op goeden grond weêrlegd,
Doch 't is geen tijd daartoe: de nood, zoo hoog geklommen,
Zoo in als vóór dees wal, doet daarop ons verstommen.
Wij onderwerpen ons, wij worstelen niet meer,
Maar geven 't op aan God en leggen 't zwaard ter neêr.
  Doch is er, die, van d' aard der Vaderen verbasterd,
Den Olderman en Raad, zijn Stadsregeering, lastert,
En meent, dat zij, aan de eer, aan eed en plicht ontrouw,
Begeert en eischt, dat slechts de Burger dragen zou,
Wat we allen dragen, als één enkle torschen moeten,
Ik zal hem, met dit staal, zijn lastering doen boeten,
Of, hier in 't openbaar, of, elders, waar hij will'
En mij verwachten durf'. — Nu? zwijgt gij allen stil? —
Zoo laat, Heer Olderman, laat ons de zaak berechten.

Treedt af.

FOPPE, *op den predikftoel.*

Wie nog van meening is voor onze ftad te vechten
En geen verdrag begeert, fchaar' zich ter linkerhand;
Doch wie verdragen wil, voeg' zich aan onzen kant.

*Eenige weinige Burgers blijven met Claes en
Hoitze op de linkerzijde; alle de overige perfonen voegen zich bij de Regeering.*

Alzoo verdragen wij.   *Treedt af en segt tot Nijkamer:*
Wilt ge ons ten Bode ftrekken?

NIJKAMER.

Ik zal 't, met ware vreugd, Graaf Schomberg gaan ontdekken.

Tot den Overfte der Woudlieden en de zijnen tredende.

Wat u, o Dapperen, belangt, houdt u te zaâm,
En bouwt op Schombergs woord, dat, in des Hertogs naam,
U vrijen aftocht gunt, zoo gij van hier wilt fcheiden.
Zijn Hopman, Jonker Fox, zal, zelf, u woudwaarts leiden.

Tegen Foppe.

Ik lenig nog al meer het grafelijk gemoed.
De Hemel zij gedankt! ik heb uw ftad behoed!   *Af.*

*Allen verwijderen zich allengs, met uitzonde-
ring van eenige Burgers, die, terwijl de
overigen aftreden, het volgende fpreken.*

CLAES.

Met dien Waltha vechten? Neen, daar had ik geen lust
toe. — Ziet, zoo zijn zij evenwel, die voorname lieden, die
Grooten! Ik heb hem en zijne oogmerken en ontwerpen altijd
voorgeftaan, en nu tikt hij juist mij het eerst op de vingers!
En wat zegt ge, Mannen, van dat nieuwe Blokhuis? Hebben we daarom Unia onweerbaar gemaakt, dat ons nu zoo

bitter opbreken zal? — Maar ik wil mij niet onderwerpen;
en, wanneer dan de meeften zoo lafhartig blijven, als zij het
heden getoond hebben te zijn, dan ga ik met de Woudſters
hiervandaan. Wat zegt gij, Hoitze Wijbes?

HOITZE.

Ik ga met u.

ANDEREN.

Wij ook, wij ook!

JAN TAMMAMA.

Maar hoort eens, dat Kasteel of Blokhuis, al wordt het
dan opgericht, en al werd het zelfs op den grond van mijnen
hof geplaatst, moeten wij ons daar zóó over bekommeren?
Kunnen wij, of altoos onze kinderen, het niet eenmaal
weder floopen, wanneer het onzer vrijheid in den weg ftaat?
Want hoort, hoezeer wij thans de vrijheid het land zullen
zien ruimen, eens — (Op zijn hart wijzende.) ik voel het
hier — zal zij terug keeren, en ons, of immers onze nako-
melingen weder zegenend aanlachen: de oude profetie kan
niet liegen!

BURGERS, om hem heen.

Eene profetie? toe, laat hooren!

TAMMAMA.

Nu, luistert dan! Mijne grootmoeder leerde mij die reeds,
toen ik — nog zulk een kleine beuker — aan hare kniën
fpeelde. Ik heb het nooit vergeten en hare woorden zullen
mij ook nimmer uit het geheugen gaan. Luistert dan!

BURGERS.

Ja, ja!

TAMMAMA.

Wie..... Ja, zoo was het!

Wie ook de Friezen boei', het zal hem nooit gelukken;
Bij 't vrijheidminnend Volk de Vrijheid te onderdrukken.
Wie hen regeeren wil, hij rande haar niet aan:
Slechts liefde maakt den Fries eens Vorften onderdaan,
Die dán geen andren wijkt in moeds- en trouwbetooning;
Maar vrij, dat moet hij zijn, of Keizer heerfche of Koning.
Onbuigzaam is zijn ziel, in weêrwil van het lot;
Hij ftaat vóór Koningen, en knielt, alleen.....

CLAES.

Knielen! hij! voor wien?

TAMMAMA, *met ernst en eerbied.*

Voor God!

ALLEN.

Leve de Vrijheid!   *Juichende af.*

NEGENDE TOONEEL.

*Leeuwarden. Tegen den avond van denzelfden dag. Eene
kamer in de woning van Foppe Matthijsfen.* GOSLICK,
AEDE, FOPPE, *Sakfifche* HOFLIEDEN.

FOPPE, *tegen Goslick en Aede.*

Wilt, Heeren, dit mijn huis gelijk het uwe aanfchouwen,
En op het woord, dat ik u nogmaals geef, vertrouwen:
Al hebben wij zoo lang den Hertog wederftaan,
Toch zullen wij den Vreê, nu eenmaal aangegaan,
Naar d' inhoud van 't Verdrag, getrouwelijk betrachten;
Maar durven ook van u toegevendheid verwachten.
Maakt ons des Vorften juk zoo draaglijk en zoo licht,

14

Als gij 't ons maken kunt, behoudens uwen plicht.
Tegen Aede.

Hoe juist voorzaagt gij 't lot ons Vaderland befchoren;
Och, Aede, hadden wij naar u flechts willen hooren!
Wreek onze dwaasheid, Held, niet op dat Vaderland,
Noch op deze arme Stad! Reik daarop mij uw hand.

Aede reikt hem de hand; hij drukt die harte-
lijk, groet, en vertrekt.

GOSLICK, *tegen de Hoplieden.*

Gij allen kent uw plicht, en 't werk, u aanbevolen.
Zorgt, boven alles, dat geen Burgers zamenfcholen,
En dat de Woudman in 't hem aangewezen oord
Vertoeven blijf', tot hij ten aftocht blazen hoort;
Ook dat er niemand lij' van 's Hertogs Oorlogsbenden.
Behoeft gij naadren last, zorgt u tot mij te wenden,
Die, naar des Graven wil, hier opperst Hoofd zal zijn
En 't hoogst bevel bekleên, totdat hij zelf verfchijn'.
Zoo ik afwezig ben, zult ge u tot Aede keeren,
Zijn woord vernemen, en van hem uw plichten leeren.
Een onzer vindt gij fteeds ter dienfte van den Staat. —
Mijn Hopliên, 't is genoeg, thans weet gij alles; gaat.

Hoplieden af.

Gij hoort, Neef Jonghama, ik volg des Graafs bevelen,
In alles, ftiptlijk, op, — hoezeer het me ook zou ftreelen,
Als ik, met vuur en zwaard, hier woeden mocht, mijn Vriend,
Zóó, als het Leeuwarden aan Goslick heeft verdiend!

AEDE.

Ziedaar uw aanzien, Neef, ten hoogften top geftegen.
Gij hebt uw doel bereikt, en heel uw wensch verkregen.

Gij zijt het ander ik van onzen nieuwen Heer;
Ten koste van dit Land, van onze vrijheid, meer
Dan ge ooit geworden waart, hadt gij die Vreemdelingen
Ons, door geweld en list, niet weten op te dringen;
Ten minste meer in 't oog der genen, wier gemoed
Die vreemde titels acht, als dat het uwe doet,
Bij mij niet, die, een eedle en vrije Fries te wezen,
Steeds als het allerhoogst en 't eerlijkst heb geprezen.
Thans, Ridder, Hertogsraad, wees met uw lot te vreên
En handel nu voortaan ten nut van 't Algemeen;
Gebruik uw invloed zóó, dat wij in 't eind vergeten,
Heer Goslick, wien en wat gij daarvoor dank moet weten.

GOSLICK.

Uw taal is fcherp.

AEDE.

Veellicht, doch pasfende in een mond,
Die, waar hij 't noodig acht, de waarheid elk verkondt.

TIENDE en LAATSTE TOONEEL.

DE VORIGEN, WIJTS, SIJTS, TJERCK, JOHAN.

GOSLICK, de vrouwen omhelzende.

Mijn Dierbren, welkoom mij; o zalige verblijding! —
Kust en herkust mij; ach! hoe griefde mij de tijding
Van uw gevangenfchap! hoe zuchtte ik over 't wee,
Dat u weêrvaren konde, en licht te dezer fteê
Ook wedervaren is; hoe deed uw ramp mij fchrikken!
'k Had reeds u opgezocht, maar eenige oogenblikken
Hield nog mijn ambt mij hier. — Hoe is het u gegaan?
Wat leed bejegende u? doet, Waarden, 't mij verflaan,

En wee hem, die u kwelde!

WIJTS.

O neen, geene ongenuchten

Weêrvoeren ons, mijn Zoon; wij hadden niets te duchten,

Op Johan wijzende.

Daar hij ons fteeds befchermde en elk gevaar en leed,

Dat ons bedreigen durfde, of afweerde, of beftreed;

Licht zaagt ge ons, zonder hem, zoo ongekrenkt niet weder.

Hij was, voor mij, een zoon, eerbiedig, minzaam, teeder,

Een broeder voor uw telg, die mooglijk hem nog meer

Dan 't leven fchuldig is, in 't waken voor hare eer.

Gij — kunt voor zooveel liefde en ijvers hem beloonen, —

En zoudt ge daartoe nog u ongenegen toonen?

Vereenig hen, reeds lang was hem haar hart verpand;

Voldoe aan beider bede en fchenk hem ook haar hand.

TJERCK.

Moge ik, van alles wat ge me immer hebt ontnomen,

O Goslick, flechts het mijne in Worckum weêr bekomen;

Mijn ftins te Tjerckwerd zij gefchonken aan mijn zoon,

Die, zoo gij 't hem vergunt, haar met uw Sijts bewoon'.

Uw Bolsward zult ge nooit mij weder zien betreden.

Verzoenen wij ons zóó?

SIJTS, *tegen Goslick.*

Zij eens uw haat verbeden.

JOHAN.

Wij onderwierpen ons en dienen éénen Vorst

Voortaan met u, des leg uw dochter aan dees borst.

AEDE.

Nu, geef gehoor, ik paar aan hunne beê de mijne.

GOSLICK.

Tegen Wijts, ter zijde.   Tegen Tjerck, luid.

Wat heb ik u voorfpeld? — Welaan, zij word' de zijne;
Wij zoenen op dien voet; God zegen hunnen echt.

JOHAN.

Mijn Sijts, mijn Bruid, mijn Gâ! thans is de knoop gelegd,
Dien niets, op aard noch in den hemel, zal ontknoopen!

SIJTS.

Johan! — deed ik vergeefs u op Zijn bijftand hopen?

> *Zij omhelzen elkander teederlijk. Goslick reikt*
> *Tjerck de hand.*

AEDE.

Tegen Goslick en Tjerck.

O mocht uw voorbeeld flechts een les voor allen zijn!

In het algemeen.

Vetkoopers! dat die leus van dezen grond verdwijn'
Als de uwe, Schieringers! moge over beide namen
Zoowel de Tijdgenoot als 't Nageflacht zich fchamen,
En beider gruwlen nooit hernieuwen na dees dag.

Dankt, Albrecht, dankt men dat uw invloed en gezag;
Dat dan ons Nakroost eens, offchoon 't haar anders doeme,
Uw heerfchappij verheffe, en 's Hemels goedheid roeme,
Die, Friezen, u, voorheen, in vreemde boeien floot,
Om, later, waarlijk vrij, te zijn door eendracht groot!

VERBETERINGEN.

Op bladz. 193, reg. 7, staat, mijn achtbaarheid, mijne stand,
                 lees: mijne achtbaarheid, mijn stand,
Op bladz. 200, reg. 13 en 14, staat,   hoorden
                 En naauwlijks enz.
          lees: hoorden,
                 Wat naauwlijks enz.

VAN DENZELFDEN SCHRIJVER

ZIJN BIJ DEN UITGEVER DEZES IN HET LICHT GEKOMEN:

REINIER EN WILLEM VAN OLDENBARNEVELDT.
    Treurſpel.. gr. 8vo. ƒ 1-25.

ATS BONNINGA. Treurſpel........................ gr. 8vo. - 1-40.
                               Idem.   kl. 8vo. - 0-90.

ADEL EN IDA, *of de Bevrijding van Friesland.*
    Treurſpel.. gr. 8vo. - 1-25.
                               Idem.   kl. 8vo. - 0-75.

PETER DE GROOTE, *Zar van Rusland.* Treurſpel. gr. 8vo. - 1-40.

MATHILDA EN STRUENSEE. Treurſpel............. gr. 8vo. - 1-40.

RADBOUD DE TWEEDE, *Koning van Friesland.*
    Treurſpel.. gr. 8vo. - 1-25.

BIJDRAGEN *tot de Geſchiedenis van het Tooneel, de
    Tooneelſpeelkunst, en de Tooneelſpelers,* in Ne-
    derland.. gr. 8vo. - 1-20.

CPSIA information can be obtained
at www.ICGtesting.com
Printed in the USA
BVHW01s0308190518
516655BV00009B/97/P

9 781247 950860